Reificação

FUNDAÇÃO EDITORA DA UNESP

Presidente do Conselho Curador
Mário Sérgio Vasconcelos

Diretor-Presidente
Jézio Hernani Bomfim Gutierre

Superintendente Administrativo e Financeiro
William de Souza Agostinho

Conselho Editorial Acadêmico
Danilo Rothberg
Luis Fernando Ayerbe
Marcelo Takeshi Yamashita
Maria Cristina Pereira Lima
Milton Terumitsu Sogabe
Newton La Scala Júnior
Pedro Angelo Pagni
Renata Junqueira de Souza
Sandra Aparecida Ferreira
Valéria dos Santos Guimarães

Editores-Adjuntos
Anderson Nobara
Leandro Rodrigues

AXEL HONNETH

Reificação
Um estudo de teoria do reconhecimento

EDIÇÃO AMPLIADA

Com comentários de

Judith Butler, Raymond Geuss
e Jonathan Lear

Tradução e apresentação

Rúrion Melo

© Suhrkamp Verlag Frankfurt am Main 2006
Todos os direitos reservados e controlados por Suhrkamp Verlag Berlin
© 2018 Editora Unesp

Título original: *Verdinglichung – Eine anerkennungstheoretische Studie*

Direitos de publicação reservados à:
Fundação Editora da Unesp (FEU)
Praça da Sé, 108
01001-900 – São Paulo – SP
Tel.: (0xx11) 3242-7171
Fax: (0xx11) 3242-7172
www.editoraunesp.com.br
www.livrariaunesp.com.br
atendimento.editora@unesp.br

Dados Internacionais de Catalogação na Publicação (CIP)
de acordo com ISBD
Elaborado por Vagner Rodolfo da Silva – CRB-8/9410

H773r

Honneth, Axel
  Reificação: um estudo de teoria do reconhecimento / Axel Honneth; traduzido por Rúrion Melo. – São Paulo: Editora Unesp, 2018.

  Tradução de: *Verdinglichung – Eine anerkennungstheoretische Studie*
  Inclui bibliografia.
  ISBN: 978-85-393-0771-5

  1. Filosofia. 2. Sociologia alemã. 3. Honneth, Axel. 4. Reificação. 5. Lukács. 6. Heidegger. 7. Dewey. 8. Teoria do reconhecimento. I. Melo, Rúrion. II. Título.

2018-1607   CDD 100
                                             CDU 1

Editora afiliada:

Sumário

Apresentação . 7
Rúrion Melo

Reificação

Prefácio . *19*

Introdução . *23*

I. Reificação em Lukács . *31*

II. De Lukács a Heidegger e Dewey . *43*

III. O primado do reconhecimento . *61*

IV. Reificação como esquecimento do reconhecimento . *79*

V. Contornos da autorreificação . *97*

VI. Fontes sociais da reificação . *115*

Comentários e réplica

Adotando o ponto de vista do outro: implicações
ambivalentes . *133*
Judith Butler

Antropologia filosófica e crítica social . *163*
Raymond Geuss

O meio escorregadio . *177*
Jonathan Lear

Réplica . *195*
Axel Honneth

Referências bibliográficas . *213*

Índice onomástico . *221*

Apresentação

Rúrion Melo[*]

Axel Honneth, um dos mais importantes nomes da Teoria Crítica nos dias atuais, apresenta no livro *Reificação: um estudo de teoria do reconhecimento* uma proposta extremamente desafiadora, inovadora e original. Seu intuito consiste em ressaltar a atualidade do conceito de reificação, que é central na história da Teoria Crítica, no auxílio da compreensão de formas de dominação social vigentes. Mas, na visão honnethiana, o conceito revela seu potencial crítico pela capacidade de abarcar modos de dominação bastante peculiares, não apenas ligados a fenômenos extremos de violência e coerção (como no caso de guerras e genocídios), porém também vinculados a comportamentos cotidianos (no ambiente familiar, no mercado de trabalho, nas relações amorosas mediadas pelas redes sociais etc.) e ocor-

---

[*] Professor do Departamento de Ciência Política da Universidade de São Paulo (USP) e pesquisador do Centro Brasileiro de Análise e Planejamento (Cebrap).

rências mais latentes, ainda que sistemáticas, de desrespeito (Honneth aponta para exemplos de racismo e de discriminação de pessoas, grupos e minorias). Mais precisamente, Honneth procura mostrar no livro que, com a ajuda de sua *teoria do reconhecimento*, podemos utilizar novamente o conceito de reificação para apreender experiências diversas e complexas de subjetivação. E o autor sabe que, para ter êxito nessa atualização conceitual da reificação, aspectos decisivos da constituição e da fundamentação teórica envolvidas precisam ser reconstruídos. Mas quais foram as referências da tradição intelectual conhecida como Teoria Crítica em relação ao conceito de reificação?

A despeito de seu uso amplo e, em grade medida, variado, o conceito de reificação sempre procurou apontar para a negatividade de determinados processos sociais. Originalmente, sem dúvida, a reificação correspondeu às experiências de trabalho diagnosticadas em torno da Revolução Industrial ou às crises econômicas e sociais que, a partir do final de década de 1920, assolaram os EUA e a Europa. Também esteve atrelada à visão correspondente de uma modernização social estruturada, no geral, por uma finalidade racional e calculadora, que submete o comportamento humano a atitudes meramente instrumentais e, por conseguinte, inviabiliza formas de autonomia e de crítica por parte dos sujeitos. Foi Georg Lukács quem conseguiu, em seu livro *História e consciência de classe* de 1923, caracterizar esse conceito-chave por meio de uma importante junção de temas retirados de autores como Karl Marx e Max Weber. Lukács influenciou decisivamente a recepção marxista da teoria weberiana da "racionalização" como expressão ampliada da reificação social. E o desenvolvimento posterior do conceito de reificação foi marcado pelo seu grau de racionalização e generalização:

Reificação

os principais nomes da Teoria Crítica — dentre os quais Max Horkheimer, Theodor Adorno e Jürgen Habermas — identificaram em seus diagnósticos fenômenos cada vez mais amplos ou variados de reificação aos quais as sociedades racionais modernas se encontravam submetidas.

A atualização do conceito de reificação empreendida por Honneth compartilha com essa escola de pensamento a ideia de que ainda cabe à Teoria Crítica a tarefa de compreender as formas de dominação inscritas em nossas práticas sociais. Mas o interesse crítico-emancipatório original da teoria precisa ser realizado hoje mediante novos meios conceituais, novas estratégias teóricas de fundamentação e novos fenômenos empiricamente observáveis. Se, de um lado, isso significa aceitar que estamos diante da ampliação continuada de expressões da reificação (ampliação observada claramente entre os autores antes destacados), Honneth, de outro lado, evita que sua atualização da reificação dependa do conceito atrelado de "racionalização": só podemos continuar empregando atualmente o conceito de reificação para explicar formas socialmente apreensíveis de dominação e de subjetivação se abrimos mão da ideia central, determinante para quase toda a Teoria Crítica de Lukács até hoje, da "racionalização como reificação".

De início, o esforço de atualização do conceito de reificação indica que a estratégia de fundamentação da qual Lukács lançou mão se mostraria hoje insatisfatória para uma compreensão crítica mais adequada dos processos sociais em sua complexidade. Ao apontar o fenômeno da reificação como resultado do "fetichismo da mercadoria", Marx já tinha diante dos olhos a experiência de um capitalismo relativamente avançado como aquele surgido na Europa do século XVIII, em que os processos de produção, levados a um alto grau de desenvolvimento, criariam relações impessoais de socialização. Na esteira de Marx, Lukács também partiu fundamentalmente do fenômeno da ampliação da troca de mercadorias para apoiar a tese central sobre a causa social do aumento da reificação. Logo que os sujeitos começam a regular suas relações com os outros homens primariamente por meio da troca de mercadorias equivalentes, eles seriam obrigados assim a se relacionar com seu mundo circundante e com as outras pessoas adotando uma atitude reificante. Os sujeitos que vivem imersos no processo de reificação resultante de sociedades capitalistas perceberiam os elementos de uma dada situação somente sob o ponto de vista do benefício que eles poderiam conseguir para seu próprio cálculo utilitário egoísta. É nesse sentido que, de um lado, o fenômeno da reificação advém essencialmente da questão do fetichismo da mercadoria. De outro lado, contudo, o diagnóstico sobre a generalização da reificação no capitalismo moderno só chega a ganhar uma fundamentação apropriada quando Lukács junta a tese marxista do fetichismo à tese weberiana da racionalização: a racionalização na modernidade ampliou para outras esferas sociais (não apenas a econômica) o padrão de modos de comportamento indiferentes e egoístas, potencializando a produção de ações reificantes.

Para Lukács, essa influência decisiva do fenômeno da reificação sobre o conjunto da sociedade ocorreria em três dimensões. Na troca de mercadorias, os sujeitos se veem reciprocamente forçados a perceber os objetos existentes de seu mundo circundante somente como "coisas" potencialmente lucrativas; eles veem também seu parceiro de interação social simplesmente como "objeto" de uma transação rentável; além disso,

Reificação

eles consideram suas próprias faculdades e qualidades pessoais não do ponto de vista da autorrealização, mas tão somente como "recursos" objetivos para o cálculo das oportunidades de lucro. Todas as relações são abstraídas em sua singularidade quando integradas em um princípio de racionalização baseada no cálculo. Apesar de podermos encontrar diferentes nuances entre as três dimensões (a do mundo objetivo, da sociedade e do próprio "eu"), a análise de Lukács, lembra Honneth, estaria concentrada em uma ontologia dos fenômenos estritamente capitalistas da qual resultaria todo o processo social.

A dificuldade, segundo Honneth, consistiria não na pretensão por analisar os momentos da reificação nos comportamentos mais simples da vida cotidiana, mas sim na pretensão de analisá-los como grandezas economicamente utilizáveis sem levar em consideração o fato de se tratar da relação com objetos do mundo circundante, com outras pessoas ou das próprias competências e sentimentos. Em outras palavras, a representação da reificação como "segunda natureza" teria de abarcar novos fenômenos ao ser transferida justamente para esferas de ação não econômicas e ao ser investigada a partir da dinâmica própria de interações sociais intersubjetivamente consideradas.

Para onde, então, teríamos de olhar nas análises do próprio Lukács para empreender uma reformulação do conceito de reificação? Honneth acredita que o mais importante consistiria em considerar as análises lukacsianas que se concentram nas transformações e mudanças de comportamento pelas quais passam os próprios sujeitos: seria possível notar no próprio Lukács elementos que permitem identificar comportamentos típicos em que os sujeitos não participariam mais ativamente nos processos de seu mundo circundante, mas se colocariam na perspectiva

Axel Honneth

de um observador neutro que não é afetado de forma psíquica ou existencial pelos acontecimentos. Assim, o próprio Lukács já mostraria de alguma maneira que o sujeito que adota o papel de um parceiro de troca passa a se comportar como um expectador meramente contemplativo e indiferente, e esse tipo de comportamento ou padrão de ação poderia ser encontrado em várias outras dimensões intersubjetivas não limitadas aos fenômenos da troca no mercado capitalista ou à esfera da produção: atitudes consideradas reificantes generalizam para outros domínios de socialização comportamentos indiferentes, passivos e meramente contemplativos, em oposição a atitudes engajadas e participativas nas interações sociais entre os seres humanos.

Com a palavra "contemplação", explica Honneth, quer-se sublinhar aqui menos uma postura de introspecção teórica do que uma atitude de observação indulgente e passiva; e a "indiferença" deve significar que o sujeito agente não é mais afetado existencialmente pelos acontecimentos, mas, mesmo ao observá-los, não se relaciona com estes mostrando nenhum tipo de interesse ou engajamento. Portanto, Lukács compreenderia sob o termo reificação o hábito ou o costume que corresponde a um comportamento meramente contemplativo em cuja perspectiva o mundo circundante natural, o mundo das relações sociais e os próprios potenciais constitutivos da personalidade seriam apreendidos apenas com indiferença e de um modo neutro em relação aos afetos, ou seja, como se possuíssem as qualidades de uma "coisa".

Mas um passo decisivo ainda precisa, segundo Honneth, ser investigado. Se Lukács se refere a um comportamento anômalo, que pode ser caracterizado como uma deturpação, por assim dizer, da atitude mais engajada dos sujeitos em suas relações

Reificação

intersubjetivas, então certamente sua teoria também pressupõe algo como uma práxis genuína com base na qual os modos reificantes de ação podem ser comparados e criticados. Honneth sublinha assim aquelas passagens do texto de Lukács em que uma práxis humana originária e verdadeira é atribuída ao sujeito ativo e cooperativo, mas que sofre certa transformação, motivada por constrições sociais diversas, pela qual o caráter engajado do comportamento se torna contemplativo e indiferente. Ou seja, Lukács parece ter de assumir uma forma engajada de práxis humana a partir da qual podemos distinguir a reificação como uma práxis deficiente. A manutenção dessa diferença constitutiva entre duas formas de práxis humana – engajada e reificada – é fundamental para que a teoria preserve um ponto de vista crítico que seja imanente às próprias práticas sociais. Contudo, embora Lukács não funde a contraposição entre um comportamento reificante e uma práxis engajada em alguma perspectiva moral, ele também não permite que se esclareça o ponto de vista *normativo* pressuposto que orienta sua denúncia da reificação social a partir da referida diferenciação. A explicitação desse ponto de vista normativo que opera no conceito de reificação consistirá numa das principais tarefas da reformulação crítica de Honneth.

Em vez de pensar a reificação apenas segundo a descrição da produção alienada do objeto por parte de um sujeito que foi excluído da coletividade, Honneth insiste em utilizar aquelas passagens do texto de Lukács em que a práxis genuína pressuposta seja compreendida como uma atitude intersubjetiva. Lukács também estaria preocupado com qualidade intersubjetiva que antecede os comportamentos e que forma, no cerne do seu argumento, o padrão que servirá de contraste para a determinação de uma práxis reificante. O ponto de vista intersubjetivo pode, assim, fornecer uma medida a partir da qual poderíamos diagnosticar que a troca de mercadorias resultaria em uma perda de interesse e participação por parte dos sujeitos, ou seja, possibilitaria um contraste entre uma atitude intersubjetiva e a determinação de uma práxis reificante. Ora, é exatamente essa atitude intersubjetiva – caracterizada pela participação engajada e pelo envolvimento existencial em contraste com a mera contemplação e indiferença – que Honneth fundamentará com base em sua teoria do *reconhecimento*.

A função da categoria do reconhecimento na argumentação de Honneth consiste em preencher um importante pressuposto não desenvolvido por Lukács. Não estaria claro na fundamentação lukacsiana no que se baseia o primado dessa práxis participativa originária que se perderia no momento em que o sujeito passa a se comportar de forma reificada. Para preencher essa lacuna de fundamentação, essa disposição prévia ao engajamento precisaria desfrutar de um primado tanto *ontogenético* quanto *conceitual* para que a reificação pudesse, de um lado, ser descrita como uma distorção de uma práxis genuína e, de outro, tornasse possível, junto com seu diagnóstico, também sua crítica e superação. Honneth – lançando mão de conceitos presentes ainda em Martin Heidegger e em John Dewey – pretende fundamentar a tese de que, na relação do sujeito consigo mesmo e com seu entorno, uma postura de reconhecimento possui precedência ontogenética e categorial quando comparada a todas as outras atitudes. Toda a apreensão da realidade estaria ligada a uma forma de experiência em que todos os dados existentes de uma situação se encontrariam em princípio qualitativamente acessíveis à perspectiva de uma participação afetiva. Esse tipo de experiência qualitativa originária de todas as nossas vivências é interpretado por Honneth como uma característica essencial de proximidade, não distanciamento, e de *engajamento prático* com o mundo, isto é, como uma interação primária oposta à atitude autocentrada, egocêntrica e neutra. O reconhecimento expressaria, portanto, essa forma originária de relação e de preocupação existencial com o mundo que somente um ato de distanciamento e indiferença poderia separar.

Portanto, às formas de ação sensíveis ao reconhecimento podemos opor os comportamentos em que os vestígios de um reconhecimento precedente não estão mais presentes. O comportamento meramente contemplativo ou observador se caracteriza pela indiferença quando não tomamos mais consciência de sua dependência em relação a um reconhecimento precedente. Nesse caso, o mundo social aparece como uma totalidade de objetos meramente observáveis em que faltariam as motivações existenciais e sensações psíquicas afetivas: desenvolvemos assim uma tendência a esquecer que o reconhecimento seria constitutivo das experiências intersubjetivas e a perceber os outros homens meramente como objetos quanto mais nos acostumamos a deixar de lado todos os vestígios de um engajamento afetivo.

Podemos chamar esse *esquecimento do reconhecimento* de reificação, segundo Honneth, se entendermos com isso o processo por meio do qual, no nosso saber a respeito dos outros seres humanos e no modo como interagimos com eles, não tomamos mais consciência de que ambos os casos são tributários do engajamento e do reconhecimento prévios. É esse momento do esquecimento, entendido como uma espécie de "amnésia", que Honneth acentua como uma nova determinação do conceito de reificação. Na medida em que, no processo do interação social, perdemos a disposição originária do reconhecimento, desenvolvemos uma percepção reificada em que o mundo intersubjetivo passa a ser apreendido apenas com indiferença e de um modo neutro em relação aos afetos.

Se o núcleo da reificação reside em um esquecimento do reconhecimento, então a tarefa fundamental da Teoria Crítica consistirá em procurar suas fontes sociais em práticas e mecanismos que possibilitam e perpetuam sistematicamente tal esquecimento. No caso de Lukács, sobretudo as coações econômicas poderiam conduzir à negação dos traços propriamente humanos das pessoas. Seu olhar estava tão voltado aos efeitos do intercâmbio capitalista de mercadorias que ele não considerou outras fontes sociais de reificação. Para Honneth, contudo, os seres humanos podem, em uma variedade de ocasiões, adotar um comportamento reificante na medida em que perdem de vista o reconhecimento precedente, e isso em função de duas causas gerais: ao participarem em uma práxis social na qual a mera observação do outro se tornou um fim em si mesmo, extinguindo toda consciência do engajamento existencial da socialização precedente; ou ao conduzirem suas ações por um sistema ideológico de convicções que é reificante, coagindo-os à negação posterior do reconhecimento originário.

A tradução que o público brasileiro agora tem em mãos consiste na edição ampliada, que inclui, além do texto original de Honneth, tanto as críticas elaboradas por Judith Butler, Raymond Geuss e Jonathan Lear à atualização honnethiana da reificação quanto a réplica escrita pelo próprio autor. Fica evidente, a partir da discussão suscitada pelo livro de Honneth, que a originalidade e a força de sua tese sobre a reificação como esquecimento do reconhecimento levantam também problemas difíceis e cruciais para toda a tentativa da Teoria Crítica de compreender as formas de subjetivação da dominação no tempo presente.

Reificação

Prefácio

O presente estudo apresenta a versão reelaborada e ampliada das Tanner Lectures que ministrei em março deste ano [2005] na Universidade de Berkeley. Eu havia me posto como objetivo reformular um tema importante do marxismo ocidental a partir da situação atual de tal forma que ele se tornasse, em seus traços teóricos e em sua urgência, compreensível para os ouvidos analiticamente instruídos do público em Berkeley; naturalmente, também procurei, nesse sentido, tornar o conceito de reconhecimento frutífero para um tema que até hoje pertence ao patrimônio insuperável da tradição da Teoria Crítica. Se não interpretei de maneira equivocada a reação do público, então essa ponte entre Frankfurt e Berkeley parece ser exitosa; sobretudo os três "debatedores" que foram convidados para comentar minhas palestras – Judith Butler, Raymond Geuss e Jonathan Lear – fizeram que ficasse claro para mim, graças às suas objeções extremamente engajadas e inteligentes, que minhas exposições foram seguidas com benevolente interesse. Tentei levar em consideração tanto seus conselhos e sugestões na reelaboração do manuscrito quanto as indicações que me fo-

Axel Honneth

ram feitas em Frankfurt por Rahel Jaeggi e Christopher Zurn. A todos eles agradeço pelas críticas desafiadoras que dedicaram ao meu manuscrito. Finalmente, na editora, Eva Gilmer fez de tudo para possibilitar uma publicação rápida de minhas preleções; gostaria de agradecer calorosamente também a ela por seu engajamento.

Frankfurt/M, maio de 2005
Axel Honneth

Toda reificação é um esquecimento.
Horkheimer; Adorno, *Dialética do esclarecimento*

O saber, no fim, baseia-se no reconhecimento.
Wittgenstein, *Sobre a certeza*

Introdução

Nos anos 1920 e 1930, o conceito de "reificação" foi um *leitmotiv* da crítica social e cultural no âmbito germanófilo. Como em um espelho côncavo, nessa palavra ou nos conceitos vizinhos parecem se refletir aquelas experiências históricas que marcaram a República de Weimar com o desemprego crescente e crises econômicas: as relações sociais deram cada vez mais a impressão de estarem submetidas a uma finalidade fria e calculadora, o amor artesão em relação às coisas foi manifestamente substituído por uma atitude de disposição meramente instrumental, e mesmo as experiências íntimas dos sujeitos deixaram pressentir o sopro gélido da complacência calculadora. Contudo, foi necessária em primeiro lugar a presença de espírito de um filósofo intelectualmente engajado para que tais impressões difusas de fato pudessem ser agrupadas sob o conceito de "reificação"; e foi Georg Lukács quem conseguiu, em sua coletânea de artigos publicada em 1923 intitulada *Geschichte und Klassenbewußtsein* [*História e consciência de classe*],[1] caracterizar

---

1 Lukács, Geschichte und Klassenbewußtsein, in: *Werke*, Band 2 (Frühschriften II), p.161-518.

Axel Honneth

esse conceito-chave por meio de uma audaciosa compilação de motivos retirados das obras de Marx, Max Weber e Georg Simmel. No centro de seu volume, que fora impulsionado pela esperança de uma revolução iminente, encontra-se o longo ensaio, dividido em três partes, sobre "Die Verdinglichung und das Bewußtsein des Proletariats" ["A reificação e a consciência do proletariado"];[2] ele incitou toda uma geração de filósofos e sociólogos a analisar as formas de vida que se encontravam sob as relações dominantes de seu tempo como uma consequência da reificação social.[3]

No entanto, depois da Segunda Guerra Mundial, a categoria "reificação" perdeu a posição central para produção do diagnóstico do tempo; quando o choque de civilizações causado pelo Holocausto enfraqueceu aquela inclinação especulativa para diagnósticos de amplo alcance sobre a sociedade, os teóricos sociais e filósofos se contentaram amplamente com a análise dos déficits de democracia e de justiça sem fazerem uso de conceitos voltados à apreensão de patologias, tais como o de "reificação" ou "comercialização". Embora tais perspectivas tenham sobrevivido nos escritos da Escola de Frankfurt, principalmente nos trabalhos de Adorno, e apesar de o estudo de Lukács ter sido relembrado mais uma vez de maneira estimulante durante o movimento estudantil,[4] no geral, porém,

---

2 Lukács, Die Verdinglichung und das Bewußtsein des Proletar, in: *Werke*, Band 2 (Frühschriften II), p.257-397.

3 Cf. Jay, Georg Lukács and the Origins of the Western Marxism Paradigma, in: *Marxism and Totality: the Adventures of a Concept from Lukács to Habermas*, cap.2; Arato e Breines, *The Young Lukács and the Origins of Western Marxism*.

4 Cf. o trabalho exemplar de Cerutti et al., *Geschichte und Klassenbewußtsein heute: Diskussion und Dokumentation*; e Matzner (org.), *Lehrstück Lukács*.

Reificação

parece que o projeto de uma análise sobre a reificação ficou definitivamente legada a um passado há muito tempo fechado em si mesmo. Falar de "reificação" também podia parecer simplesmente um sintoma de se querer pertencer de modo obstinado a uma época cultural que durante o período do pós--guerra, das reformas culturais e das inovações teóricas havia perdido sua legitimidade.

Apenas recentemente aumentaram os indícios de que essa situação poderia se modificar outra vez; como um fragmento não plenamente digerido em termos filosóficos, a categoria "reificação" retorna das profundezas da República de Weimar e adentra de novo a cena do discurso intelectual. Existem três ou talvez quatro indícios capazes de apoiar a suposição de uma tal mudança de ânimo concernente ao diagnóstico do tempo. De início e ainda de modo nada excepcional, é possível indicar uma quantidade de novos romances e contos que irradiam uma aura estética da economização latente de nossa vida cotidiana; pelo tipo de estilo utilizado ou pela seleção do vocabulário empregado, essas referências literárias permitem que se observe o mundo social como se seus habitantes tratassem uns aos outros essencialmente como objetos inanimados, ou seja, sem o vestígio do sentimento interior ou da tentativa de se adotar a perspectiva do outro. A lista de autoras e autores que poderíamos indicar nesse contexto inclui desde os contistas americanos Raymond Carver e Harold Brodkey, passando pelo *enfant terrible* da literatura francesa Michel Houllebecq, indo até as escritoras de língua alemã Elfriede Jelinek e Silke Sheuermann.[5] Se

---

5 Carver, *Würdest du bitte endlich still sein, bitte: Erzählungen*; Brodkey, *Unschuld: Nahezu klassische Stories*; Houllebecq, *Ausweitung der Kampfzone*;

Axel Honneth

em tais obras de ficção a reificação é lembrada apenas enquanto um estado de ânimo atmosférico, em análises sociológicas mais recentes tal categoria é estudada como uma forma alterada de comportamento humano; no campo da sociologia da cultura ou da psicologia social, são incontáveis hoje as análises que identificaram uma forte tendência dos sujeitos a meramente encenar determinados sentimentos e desejos por motivos oportunistas a ponto de também serem realmente vividos como componentes de sua própria personalidade[6] – uma forma de automanipulação emocional, portanto, com a qual Lukács já tinha se deparado quando falou do jornalismo como uma prostituição das "vivências e convicções",[7] vendo nisso o último degrau da reificação social.

Certamente, em semelhantes diagnósticos sobre a tendência de uma administração dos sentimentos, o conceito de "reificação" exerce uma função ainda menos explícita do que na maioria das referências literárias que hoje propagam uma atmosfera de fria objetividade e manipulação; isso se modifica somente com a terceira classe de textos que atualmente permitem supor um retorno da temática da reificação. No âmbito

---

Jelinek, *Die Klavirspielerin*; Scheuermann, *Reiche Mädchen: Erzählungen.* Em todas essas obras literárias as perspectivas de "reificação" se cruzam certamente com a observação de fenômenos de alienação. Uma excelente tentativa de reconstrução desse conceito de reificação, que provém igualmente da tradição marxista, foi empreendida por Jaeggi, *Entfremdung: zur Aktualität eines sozialphilosophischen Problems.*

6 Tornou-se clássico o estudo de Hochschild, *Das gekaufte Herz: zur Kommerzialisierung der Gefühle.*

7 Lukács, Die Verdinglichung und das Bewußtsein des Proletariats, op. cit., p.275.

Reificação

da ética e da filosofia moral, também encontramos em tempos recentes esforços para tornar tais fenômenos sociais teoricamente apreensíveis da mesma maneira que Lukács em sua análise. Com frequência, o conceito de "reificação" foi expressamente utilizado nesses casos, sem que se estabelecesse, no entanto, um vínculo com o texto original: é assim que Martha Nussbaum fala especificamente de "reificação" em seus novos estudos com o intuito de caracterizar principalmente as formas extremas de utilização instrumental de outras pessoas,[8] enquanto Elizabeth Anderson renuncia com efeito ao conceito mesmo analisando fenômenos inteiramente equiparáveis de alienação econômica de nossas relações vitais.[9] Em tais contextos éticos, os discursos se referem à "reificação" ou a processos semelhantes em um sentido decisivamente normativo; com isso se quer caracterizar um comportamento humano que atenta contra nossos princípios morais e éticos na medida em que outros sujeitos são tratados não conforme suas qualidades humanas, mas como objetos insensíveis, mortos, ou seja, exatamente como "coisas" ou "mercadorias"; e os fenômenos empíricos que se referem a definições desse tipo abrangem tendências tão diferentes como a demanda crescente por barrigas de aluguel, a mercantilização das relações amorosas ou o desenvolvimento explosivo da indústria do sexo.[10]

---

8 Nussbaum, "Verdinglichung", in: *Konstruktion der Liebe, des Begehrens und der Fürsorge: drei politische Aufsätze*, p.90-162.

9 Anderson, *Value in Ethics and Economics*, sobretudo cap.7 e 8.

10 Wilkinson, *Bodies for Sale: Ethics and Exploitation in the Human Body Trade*; ver também o artigo panorâmico de Jaeggi, Der Markt und sein Preis, *Deutsche Zeitschrift Philosophie*, n.47, p.987-1004.

Axel Honneth

Finalmente, há ainda um quarto contexto em que a categoria de "reificação" é empregada hoje de maneira renovada a fim de caracterizar conceitualmente os desenvolvimentos predominantes em nosso presente. No meio das discussões que recentemente foram travadas sobre os resultados e efeitos sociais da pesquisa sobre o cérebro, não é raro argumentar que o tipo de abordagem empregado estritamente pelas ciências naturais revelava nesse caso uma atitude reificante: pois, segundo o argumento apresentado, com o propósito de esclarecer os sentimentos e ações humanas mediante a mera análise das redes neurais que residem no cérebro, o saber próprio do mundo da vida é abstraído e, com isso, o ser humano é tratado como um autômato sem experiência, no fim das contas, portanto, como uma coisa. Da mesma maneira que nas abordagens éticas antes mencionadas, por conseguinte também aqui o conceito é utilizado essencialmente para caracterizar um atentado contra princípios morais; a circunstância de que as qualidades pessoais dos sujeitos parecem continuar desconhecidas nas considerações neurofisiológicas do homem é descrita como um caso de "reificação".[11] Em ambos os contextos, as conotações ontológicas que o conceito contém ao aludir à mera coisa exercem um papel somente subordinado e marginal: o conceito deve ser considerado questionável ou mesmo falso não porque um comportamento "reificante" determinado atenta contra as pressuposições ontológicas de nossas ações cotidianas, mas porque viola princípios morais. Contrariamente, Lukács

---

11 Cf. Kuhlmann, Menschen im Begabungstest: Mutmaßungen über Hirnforschung als soziale Praxis, *WestEnd: Neue Zeitschrift für Sozialforschung*, v.1, n.1, p.143-53, 2004.

ainda acreditou que poderia realizar sua análise sem se referir a princípios éticos; ele interpretou literalmente o conceito de "reificação" em seu ensaio quando acreditou poder caracterizar um comportamento social que fosse considerado falso devido à anomalia [*Verfehlung*] de fatos ontológicos.

É natural que a análise da reificação de Lukács contenha também um conteúdo normativo, embora evite completamente o emprego de um vocabulário moral. No fim das contas, é evidente que a utilização do conceito de "reificação" já traz à tona a suposição de se tratar, nos fenômenos descritos, da anomalia de uma forma "genuína" ou "correta" de atitude em relação ao mundo; e, por fim, Lukács parte evidentemente do princípio de que suas leitoras e seus leitores concordam com ele no momento em que expõe a necessidade histórica de uma revolução das relações existentes. Mas o ponto de partida desse juízo implícito se encontra em um nível teórico que reside abaixo do âmbito argumentativo em que, nos contextos mencionados, as avaliações correspondentes são formuladas e fundamentadas; pois Lukács vê na reificação não um atentado contra princípios morais, mas a anomalia de uma práxis humana ou de um tipo de atitude que constitui a racionalidade de nossa forma de vida.[12] Os argumentos que ele apresenta contra a reifica-

---

12 Uma tal forma de crítica "mais profunda" – que aqui foi chamada de crítica nos termos de uma "ontologia social" – também foi empregada por Charles Taylor em "Explanation and Pratical Reason", in: *Philosophical Arguments*, p.34-60. Para um resumo da questão, cf. Honneth, Pathologien des Sozialen, in: *Das Andere der Gerechtigkeit: Aufsätze zur praktischen Philosophie*, p.11-69. Embora orientada pela linguagem analítica, a única tentativa de uma reabilitação do conceito de reificação nos termos de uma "ontologia social" nos últimos

Axel Honneth

ção capitalista de nossas relações sociais possuem um caráter normativo apenas indireto, porque resultam dos elementos descritivos de uma ontologia social ou de uma antropologia filosófica voltados à compreensão dos fundamentos racionais de nossa existência; nessa medida, podemos afirmar, a partir da análise da reificação de Lukács, que ela oferece a explicação, nos termos da ontologia social, de uma patologia de nossa práxis de vida [*Lebenspraxis*].[13] Contudo, se ainda hoje podemos falar nesses termos, se podemos justificar as objeções contra uma determinada forma de vida com referência aos discernimentos da ontologia social, ainda assim isso, de modo algum, é algo indiscutível. Nem mesmo sabemos com clareza se, diante das altas exigências impostas pela ação estratégica nas sociedades atuais, ainda podemos dar expressão, afinal, a um pensamento em si coerente com o conceito de "reificação".

---

tempos foi empreendida por Demmerling, *Sprache und Verdinglichung: Wittgenstein, Adorno und das Projekt der kritischen Theorie.*

13 Honneth, Eine soziale Pathologie der Vernunft: zur intellektuelen Erbschaft der Kritischen Theorie, in: *Pathologien der Vernunft: Geschichte und Gegenwart der Kritischen Theorie*, p.28-56.

I
Reificação em Lukács

A fim de poder esclarecer a questão de saber se cabe ao conceito de "reificação" um valor útil ainda nos dias de hoje, é bastante sensato nos orientarmos de início pelas análises clássicas de Lukács; contudo, constataremos rapidamente que seus meios categoriais não são suficientes para poder conceber de maneira adequada os processos frequentemente apreendidos de maneira correta em termos fenomenológicos. Lukács se atém à compreensão cotidiana ontologizante do conceito de "reificação" quando afirma na primeira página do seu estudo, fazendo referência a Marx, que a reificação não significa senão "que uma relação entre pessoas [assume] o caráter de uma coisidade [*Dinghaftigkeit*]".[1] Nessa forma elementar, o conceito descreve abertamente um processo cognitivo pelo qual algo que não possui propriedades materiais – por exemplo, algo que

---

1 Lukács, Die Verdinglichung und das Bewußtsein des Proletariats, op. cit., p.257. Para o conceito de reificação de Lukács, conferir o abrangente estudo de Dannemann, *Das Prinzip Verdinglichung: Studie zur Philosophie Georg Lukács*.

Axel Honneth

possui elementos humanos – é considerado como algo material; por isso, não está claro de início se, no caso de ocorrer tal reificação, trata-se meramente de um erro categorial epistêmico, de uma ação moralmente condenável ou de uma forma totalmente distorcida de práxis. No entanto, já após algumas poucas frases fica claro que Lukács tem em vista mais do que somente um erro categorial, porque o processo de reificação contém uma complexidade e estabilidade que dificilmente seria esclarecida com o emprego de um erro cognitivo. Enquanto causa social para a perpetuação e propagação da reificação, Lukács admite somente a ampliação da troca de mercadorias, que se tornou o modo dominante de ação intersubjetiva com o estabelecimento das sociedades capitalistas; tão logo os sujeitos começam a regular suas relações com seus próximos primariamente por meio da troca de mercadorias equivalentes, eles são obrigados a se pôr em relação reificante com seu mundo circundante; pois não podem mais deixar de perceber os elementos de uma dada situação unicamente do ponto de vista do benefício que poderiam obter em prol de seu próprio cálculo utilitário egocêntrico. A mudança forçada de perspectiva leva com isso a diferentes direções, que para Lukács constituem precisamente muitas formas de reificação: na troca de mercadorias os sujeitos se veem reciprocamente forçados a (a) perceber os objetos existentes somente na qualidade de "coisas" potencialmente valorizáveis; (b) ver seu parceiro de interação somente enquanto "objeto" de uma transação rentável; e, finalmente, (c) considerar suas próprias capacidades apenas como "recursos" objetivos para o cálculo das oportunidades de valorização. Lukács concentra no conceito de "reificação" todas essas mudanças de atitude, concernentes ao mundo ob-

Reificação

jetivo, à sociedade e ao próprio *self*, sem dar atenção às diferenças cheias de nuances que existem entre elas; na qualidade de "coisas" materiais, são caracterizados tanto o objeto estimado em termos quantitativos e o nosso próximo tratado de forma instrumental quanto o conjunto das próprias capacidades e necessidades, que são experimentadas somente em virtude de sua utilidade econômica; além disso, diferentes componentes se misturam na atitude considerada "reificante", os quais se estendem desde um egoísmo contundente, passando pela indiferença e chegando a um interesse primariamente econômico.

Mas, em sua análise, Lukács pretende apresentar mais do que meramente uma fenomenologia daquelas mudanças de atitude que a participação nas relações de troca de mercadorias exige dos seres humanos. Na verdade, seu olhar está voltado desde o começo exclusivamente àqueles fenômenos que Marx descreveu como "fetichismo da mercadoria",[2] porém algumas páginas adiante ele já começa a se desvincular do nexo estrito com a esfera econômica, na medida em que transfere as coerções decorrentes da reificação também à totalidade da vida cotidiana no capitalismo. No texto não é completamente claro de que maneira essa generalização social é apresentada em termos teóricos porque Lukács parece oscilar entre estratégias de explicação alternativas: lá se encontra, por um lado, o argumento funcionalista de que seria necessário para a expansão do capitalismo que todas as esferas da vida fossem assimiladas ao padrão

---

2 Marx, *Das Kapital*, Band I, in: Marx-Engels Werke, 23 Bände, p.85 e ss.; para a relação entre a análise do fetichismo e a crítica da reificação na crítica marxista da economia política, cf. Lohmann, *Indifferenz und Gesellschaft: eine kritische Auseinandersetzung mit Marx*, cap.V.

Axel Honneth

de ação da troca de mercadorias;[3] e ao mesmo tempo se discute, fazendo referência a Max Weber, que o processo de racionalização leva inevitavelmente a um aumento de atitudes racionais com respeito a fins naqueles âmbitos sociais que até então eram dominados pelas orientações tradicionais do comportamento.[4] Por mais problemática que possa ser a fundamentação para esse passo de generalização, é com sua ajuda que Lukács chega finalmente à tese central de seu estudo, segundo a qual, no capitalismo, a reificação se tornara uma "segunda natureza"[5] dos seres humanos: para todos os sujeitos que participam na forma de vida capitalista, tem de se tornar um costume habitual o fato de perceberem a si próprios e o mundo circundante segundo o esquema dos objetos meramente reificados.

Antes de desenvolver a questão sobre qual tipo de falta foi cometida nessa reificação, gostaria de apresentar ainda o passo seguinte na análise de Lukács. Até agora, como vimos, ele atribuiu o conceito de "coisa" ou de "coisidade" de maneira descuidada a todos os fenômenos que são percebidos pelo sujeito em seu mundo circundante ou em relação à sua própria pessoa como grandezas economicamente utilizáveis; indiferentemente do fato de se tratar de objetos, de outras pessoas ou das próprias competências e sentimentos, de acordo com Lukács eles são vividos na qualidade de objetos reificados ao serem considerados do ponto de vista de sua utilidade nas transações econômicas. Mas essa estratégia conceitual natural-

---

3 Lukács, Die Verdinglichung und das Bewußtsein des Proletariats, p.270.
4 Ibidem, p.276.
5 Ibidem, p.260.

Reificação

mente não é suficiente para justificar a representação da "reificação" como uma "segunda natureza", porque com isso se
transferem tais fenômenos também para esferas ou dimensões
de ação não econômicas: de que maneira é possível explicar o
que significa reificação fora da esfera de ação da troca de equivalentes se com isso estamos nos referindo unicamente a uma
redefinição de todas as situações dadas em grandezas economicamente calculáveis? É interessante que o próprio Lukács
pareça ter percebido esse problema, pois, no decorrer de sua
análise, ele logo muda a direção de sua abordagem conceitual:
em vez de dar atenção primariamente àquelas transformações
produzidas do lado dos objetos apreendidos pela reificação, ele
examina agora as transformações que o sujeito agente precisa
experimentar em si mesmo. Lukács afirma que, no "comportamento" dos sujeitos, também ocorrem, sob a coerção da troca
de mercadorias, transformações que se referem à relação total
com a realidade circundante; pois, na medida em que adota
continuamente o papel do parceiro de troca, o ator se torna um
"espectador impotente" e "contemplativo" diante daquilo que
"se passa com sua própria existência considerada uma partícula
isolada, integrada em um sistema estranho".[6] Os conceitos de
"contemplação" e de "indiferença", nessa ampliação da referência conceitual, passam a ser indispensáveis para a produção da
reificação em outros âmbitos da ação social: o próprio sujeito
não participa mais do momento ativo de seu mundo circundante, mas se coloca na perspectiva de um observador neutro que
não se deixa afetar psíquica ou existencialmente pelos eventos.
Com a palavra "contemplação" se quer sublinhar aqui menos

---

6 Ibidem, p.265.

uma postura de introspecção teórica ou de concentração que uma atitude de observação indulgente e passiva; e "indiferença" deve significar que o agente não é mais afetado emocionalmente pelos eventos, mas, mesmo ao observar, passa ao largo destes sem envolvimento íntimo.

Não é difícil reconhecer que, com essa estratégia conceitual, podemos encontrar uma base mais apropriada para explicar o que significa a "reificação" como uma "segunda natureza" dos seres humanos. Certamente parecem faltar para uma explicação completa alguns passos de mediação teórica, mas a ideia fundamental pode muito bem ser retomada do seguinte modo: nas esferas de ação sempre em expansão da troca de mercadorias, os sujeitos são forçados a se comportar não na qualidade de participantes, mas antes de observadores dos acontecimentos sociais, porque o cálculo recíproco dos possíveis ganhos demandam uma atitude puramente objetiva e a mais neutra possível em relação aos afetos; com essa mudança de perspectiva, introduz-se ao mesmo tempo uma percepção "reificante" de todos os elementos relevantes em uma dada situação, porque os objetos a serem trocados, os parceiros na troca e, por fim, as próprias capacidades pessoais só podem ser conhecidos em suas propriedades quantitativas de valorização; uma tal atitude se torna "segunda natureza" quando é transformada em um costume habitual por força dos processos de socialização correspondentes, de modo que tal atitude determine o comportamento individual de todo o espectro da vida cotidiana; sob tais condições, mesmo quando não estão diretamente envolvidos nos processos de troca, os sujeitos percebem também seu mundo circundante de acordo com o padrão dos dados meramente materiais. Lukács compreende sob o termo "reificação"

Reificação

o hábito ou o costume de um comportamento meramente observador, em cuja perspectiva o mundo circundante natural, o mundo das relações sociais e as próprias capacidades pessoais são apreendidos apenas com indiferença e de um modo neutro em relação aos afetos, ou seja, como se possuíssem as qualidades de uma coisa.

Com essa sucinta reconstrução, já é possível ao menos determinar indiretamente qual tipo de falta ou falha para Lukács *não* pode ser incluído no conceito de "reificação". Tal perspectiva falseadora não representa, como já vimos, um erro categorial meramente epistêmico, não somente porque por reificação se quer significar uma síndrome comportamental complexa e constante, mas porque essa mudança de atitude intervém tão profundamente em nossos costumes e comportamentos que não seria simplesmente solucionável com uma correção de um erro cognitivo. A reificação cria uma "postura"[7] ou um comportamento que distorce nossa própria perspectiva e se propaga de tal forma nas sociedades capitalistas que podemos falar dele como uma "segunda natureza" do homem. Mas, por outro lado, não decorre disso que a "reificação" também possa ser concebida em Lukács como um tipo de conduta moralmente incorreta, um atentado contra princípios morais; pois falta a tal atitude deturpadora o elemento da intenção subjetiva a fim de ser possível lançar mão de uma terminologia moral. Diferentemente de Martha Nussbaum, Lukács não está interessado na questão de saber a partir de que momento a reificação de outras pessoas atinge um grau tal que permita caracterizar uma

---

7 Ibidem, p.264.

Axel Honneth

ação como moralmente desprezível;[8] pelo contrário, para ele, todos os membros de sociedades capitalistas se socializam da mesma maneira em um sistema de comportamentos reificantes, de modo que o tratamento instrumental do outro expõe de início apenas um fato social, mas não uma injustiça moral. Com essas delimitações chegamos a um ponto no qual começa a se desenhar de que maneira Lukács gostaria de ver compreendidos os conceitos-chave de sua própria análise. Pois se com o conceito de reificação não estamos nos referindo nem meramente a um erro categorial epistêmico, nem a uma conduta moral imprópria, então resta por fim simplesmente considerá-lo uma forma de práxis deficiente em seu todo; Lukács procura compreender a reificação como o comportamento indiferente e observador que forma um conjunto de costumes e atitudes e atenta contra as regras de uma forma mais originária ou melhor de práxis humana. Entretanto, essa formulação já deixa claro que uma tal interpretação do conceito de reificação também não está isenta de implicações normativas; certamente, isso não diz respeito meramente a uma violação de princípios morais, e estamos confrontados com a tarefa ainda mais difícil de ter de identificar uma práxis "verdadeira" ou "genuína" diante de sua forma deturpada ou atrofiada. Os princípios normativos sobre os quais Lukács se apoia em sua análise da reificação não consistem em uma soma de princípios moralmente legítimos, mas em um conceito de práxis humana correta; e tal tipo de conceito se relaciona em sua justificação de maneira muito mais forte aos enunciados da ontologia social

---

8 Nussbaum, Verdinglichung, op. cit., p.148.

Reificação

ou da antropologia filosófica do que ao âmbito tradicional-
mente denominado filosofia moral ou ética.[9]

Ora, não é verdade que Lukács não seria consciente desse
desafio normativo. Ainda que possuísse uma forte inclinação a
polemizar juntamente com Hegel contra a ideia de um "dever
abstrato", ele sabia muito bem que seu discurso de uma práxis
ou "postura" reificante precisava ser justificado com um conceito de práxis humana verdadeira. Por essa razão, em muitas
passagens de seu texto ele inseriu indicações que deveriam
iluminar como seria formada uma relação prática dos seres
humanos com o mundo que não fosse afetada pela coerção à
reificação: ele diz que o sujeito ativo precisa ser concebido,
por exemplo, como "presente" [*miterlebend*],[10] como "unidade orgânica"[11] e como "cooperativo", ao passo que do lado
do objeto ele afirma que este pode ser experimentado por um
sujeito participante enquanto "qualitativamente único"[12] ou
"essencialmente qualitativo",[13] isto é, como algo determinado
em termos de conteúdo. Em um curioso contraste com essas
passagens concebidas de um ponto de vista antropológico se
encontram aquelas expressões de Lukács em que ele tenta re-
sumir sua visão de uma práxis "verdadeira" dos seres humanos
fazendo referência a Hegel e Fichte; ele sustenta que só podemos falar de uma atividade não deturpada quando o objeto

---

9 Sobre essa dificuldade, cf. Honneth, Pathologien des Sozialen, op.
cit., p.54 e ss.
10 Lukács, Die Verdinglichung und das Bewußtsein des Proletariats,
op. cit., p.272.
11 Ibidem, p.275.
12 Ibidem, p.304.
13 Ibidem, p.308.

Axel Honneth

puder ser pensado na qualidade de produto do sujeito e, com isso, o espírito e o mundo finalmente coincidirem.[14] Como essas passagens mostram, Lukács se orientou decisivamente em sua crítica da reificação pelo conceito de "atividade" cunhado pelas filosofias da identidade – conceito que Fichte concebeu com suas ideias sobre uma atividade espontânea do espírito[15] – e não restam dúvidas hoje de que, com tal fundamentação, foi retirada aquela oportunidade de justificar sua crítica da "reificação" nos termos de uma teoria social.[16] Mas sob as declarações oficiais e idealistas também se encontram no seu texto passagens em que se declara, de uma forma mais moderada, que a práxis "verdadeira" e genuína possui exatamente aquelas propriedades contidas na participação e no interesse, que foram destruídas pela expansão da troca de mercadorias; não a produção do objeto por um sujeito estendido até o coletivo, mas uma outra atitude, uma atitude intersubjetiva do sujeito, forma aqui o padrão que serve de contraste para a determinação de uma práxis reificante. É com esse vestígio no texto de Lukács que me ocuparei no prosseguimento de minhas reflexões; pretendo me voltar à questão de saber se de fato não faz sentido reatualizar o conceito de "reificação" de modo que o estado de coisas aludido seja compreendido como atrofiamento ou deturpação de uma práxis originária, em que o ser humano adota uma relação participativa diante de si mesmo e de seu mundo circundante.

---

14 Ibidem, p.301, p.319.

15 Neuhouser, *Fichtes Theory of Subjectivity*; sobre a dependência de Lukács em relação à ideia de Fichte de uma atividade autorreprodutora, ver Löwy, *Georg Lukács: from Romanticism to Bolshevism*, cap.II.

16 Habermas, *Theorie des kommunikativen Handels*. Bd I, p.486 e ss.

Reificação

A essa reabilitação, contudo, opõe-se uma série de obstáculos ligados a problemas até então não tematizados no tratamento da obra de Lukács. O que é questionável na maneira com que Lukács procede não é somente sua estratégia "oficial" de usar como ponto de referência normativo de sua crítica da reificação um conceito de práxis em que toda objetividade emerge, de maneira idealista, da atividade subjetiva da espécie. É ao menos igualmente problemático em sua abordagem a tese, apoiada na teoria social, de que a expansão da troca de mercadorias deve ser a única causa para a mudança de comportamento que penetra gradualmente em todas as esferas da vida nas sociedades modernas; não é clara nessa asserção a premissa marxista de acordo com a qual a participação nos processos econômicos de troca tem um significado tão profundo para os indivíduos a ponto de fazê-los modificar ou reorientar totalmente a relação que têm consigo mesmos e com o mundo. Além disso, no mesmo contexto, coloca-se a questão de saber se Lukács não subestimou de modo grave a extensão em que, por razões de eficácia, sociedades altamente diferenciadas exigem que seus membros aprendam a se relacionar de maneira estratégica consigo mesmos e com os outros; se tivesse levado isso em consideração, então uma crítica da reificação desde o início não deveria proceder de uma forma tão totalizante como o fez Lukács, mas teria de delimitar as esferas sociais em que o comportamento observador e indiferente possui um lugar perfeitamente legítimo.[17] Não será minha intenção tratar sistematicamente de todas essas ambiguidades e problemas; es-

---

17 Essa é a estratégia que Habermas adota com sua retomada da crítica da reificação na *Theorie des kommunikativen Handels*, op. cit., cap.VI e VIII.

Axel Honneth

pero antes que, por meio de uma reformulação do conceito de reificação de Lukács, possa surgir uma perspectiva em que tais questões problemáticas percam seu caráter dramático, ensejando, em vez disso, especulações esclarecedoras.

II
De Lukács a Heidegger e Dewey

Vimos anteriormente que Lukács, ao desenvolver sua crítica da reificação, oferece implicitamente duas alternativas opostas para tornar compreensível seu recurso a uma forma "verdadeira", não distorcida, de práxis humana. Na primeira delas, ou seja, na versão "oficial", ele parece querer criticar as práticas de reificação que se tornaram "segunda natureza" ao avaliá-las a partir do ideal de uma práxis abrangente em que toda a realidade é produzida, em última instância, pela atividade do trabalho própria da espécie humana; deixando de lado o fato de estar apoiado em premissas idealistas, esse primeiro modelo também tem de malograr porque toda a existência de objetos, mesmo dos que não foram produzidos, torna-se um caso de reificação. Apenas em sua segunda alternativa, Lukács parece levar a sério aquilo que ele mesmo diz sobre o modo reduzido, a saber, meramente "observador" daquelas práticas e atitudes que ele descreve em conjunto como "reificação"; pois nesta abordagem "não oficial", para a qual podemos encontrar no texto passagens suficientes, o defeito da atitude reificante é medida por um ideal de práxis caracterizada pela participação

Axel Honneth

ativa e pelo envolvimento existencial – falta aqui aquele tom idealista, porque se trata mais de uma forma particular de interação do que de uma atividade produtora do mundo. Se seguirmos as indicações contidas em tais reflexões, então nos depararemos com uma espantosa afinidade com as ideias que, logo após o surgimento do texto de Lukács, foram desenvolvidas por John Dewey e Martin Heidegger;[1] e se estendermos o horizonte temporal até os dias atuais, Stanley Cavell também seria incluído no conjunto de autores cujas ideias repousam na segunda versão da crítica da reificação formulada por Lukács.[2] Eu gostaria de me concentrar inicialmente em um ponto de convergência entre Lukács e Heidegger a fim de esclarecer o conceito aludido de uma práxis participativa.

Já se apontou diversas vezes no passado para o fato de que encontramos mais do que apenas um ponto de convergência entre o texto de Lukács e *Sein und Zeit* [*Ser e tempo*], de Heidegger;[3] essa "afinidade eletiva" teórica se torna ainda mais aparente se consultarmos os cursos de Heidegger sobre Aristóteles de 1924.[4] Para poder reconhecer adequadamente o primeiro

---

1 Apoio-me em Heidegger, *Sein und Zeit*; Dewey, Qualitatives Denken, in: *Philosophie und Zivilization*, p.94-116, e Affektives Denken, p.117-24.

2 Cavell, Wissen und Anerkennen, in: Sparti; Hammer (orgs.), *Die Unheimlichkeit des Gewöhnlichen*, p.34-75. Cf. adiante nosso cap.III.

3 Cf., entre outros, Goldmann, *Lukács und Heidegger: Nachgelassene Fragmente*. Goldmann também discute as duas passagens em *Ser e tempo* (nas p.46 e 437) em que Heidegger fala explicitamente de "reificação" e parece se referir ao conhecido texto de Lukács: Goldmann, *Lukács und Heidegger*, op. cit., p.113 e ss.

4 Heidegger, Grundbegriffe der aristotelischen Philosophie, in: *Gesamtausgabe*, Bd. 18.

Reificação

ponto de acordo entre ambos os autores, é preciso mostrar de início que Lukács procurou no seu ensaio não apenas criticar os efeitos reificantes da economia capitalista; tratava-se, antes, de demonstrar que a filosofia moderna estaria fadada a se deparar sempre com antinomias insolúveis, pois, devido a seu enraizamento na cultura cotidiana reificada, ela permanece presa ao esquema da oposição entre sujeito e objeto.[5] O mesmo propósito de criticar a filosofia moderna com o fio condutor fixado ao dualismo sujeito-objeto também serviu como ponto de partida de Heidegger: da mesma maneira que Lukács, também o autor de *Ser e tempo* está convencido de que o primado da ideia de uma apreensão neutra da realidade é responsável pela cegueira ontológica que impediu uma resposta adequada à questão sobre a estrutura da existência humana. Naturalmente, nesse contexto, Heidegger não compartilha a intenção seguinte de Lukács de remeter o primado do esquema sujeito-objeto por seu turno às formas de vida reificadas da sociedade capitalista; as considerações da teoria social permaneceram sempre tão estranhas a Heidegger que ele nem mesmo uma única vez procurou questionar a tradição da ontologia, criticada por ele, a partir de suas raízes sociais. Mas os dois autores concordam tanto na intenção de uma subversão ou "destruição" da ideia dominante segundo a qual um sujeito epistêmico se coloca de forma neutra diante do mundo, que ambos sentem necessidade de propor uma concepção alternativa.

---

5 Lukács, Die Verdinglichung und das Bewußtsein des Proletariats, op. cit., p.287-331.

Axel Honneth

Como se sabe, Heidegger empreendeu essa tarefa com a ajuda de uma análise fenomenológico-existencial, que deveria demonstrar que o mundo sempre está aberto na atividade cotidiana do ser-aí [*Dasein*]: normalmente não adotamos a postura de um sujeito cognitivo ao nos colocar diante da realidade, mas nos relacionamos previamente com o mundo de modo que a realidade nos seja dada como um campo de significações práticas. O conceito que Heidegger utiliza para caracterizar a estrutura de tal relação prática é o de "cuidado" [*Sorge*];[6] esse conceito permite que se estabeleça uma ponte com as reflexões que se encontram em Lukács no momento em que este procura encontrar um conceito ampliado de práxis em contraste com o comportamento meramente contemplativo. Da mesma maneira que o conceito de "cuidado" em Heidegger, a ideia de uma práxis engajada também parece ser a chave que permite refutar em princípio a fixação dominante do esquema sujeito-objeto; pois, ao pressupor tal forma de ação, o sujeito não se colocaria mais de um modo neutro diante da realidade a ser conhecida, mas se relacionaria com esta com tamanho interesse existencial que o mundo sempre estaria aberto em seu significado qualitativo. Contudo, é preciso considerar, em relação a esse segundo ponto de convergência entre os dois autores, que Lukács parece proceder de um modo totalmente diferente daquele de Heidegger. Enquanto o autor de *Ser e tempo* pretende demonstrar que a linguagem mentalista da ontologia tradicional obstrui a visão do caráter factual do cuidado no cotidiano de nosso ser-aí, Lukács parte de premissa bem diferente, segundo a qual a reifi-

---

6 Heidegger, *Sein und Zeit*, op. cit., p.57 e §41; idem, Grundbegriffe der aristotelischen Philosophie, op. cit., p.55 e ss.

Reificação

cação crescente no capitalismo já destruiu toda oportunidade de uma práxis engajada; seu próprio empreendimento não pode ser compreendido como o desvelamento de um modo de existência humana que sempre esteve presente, mas enquanto esboço de uma possibilidade futura. Resulta dessa distinção metodológica que Lukács, diferentemente de Heidegger, não poderia refutar o domínio da ontologia tradicional com base na realidade efetiva; ele deveria, pelo contrário, discernir necessariamente uma expressão adequada das relações reificadas que só seriam suprimidas de fato com a superação da sociedade capitalista.

Com essa complicação vem à tona um dos problemas mais difíceis postos pelo texto de Lukács. Se considerarmos mais detalhadamente, não é claro se sua argumentação efetivamente conclui que o processo de reificação já eliminou todos os elementos de uma práxis "verdadeira", engajada; pois, sobretudo no último capítulo de seu ensaio, o qual trata da "tomada de consciência" do proletariado, encontram-se inúmeras passagens que nos dão a impressão oposta. Apoiando-se especialmente em Fichte, Lukács procura mostrar nesses trechos que a superação das relações reificadas pode ser pensada somente como um ato em que a classe trabalhadora se torna consciente de suas atividades de produção implementadas sempre de maneira factual: exatamente porque o proletariado leva uma existência profundamente humilhante e coisificada – tal é o argumento dialético –, nele tem de advir, como que por uma virada espontânea, a consciência de que "os objetos sociais não são coisas, mas relações entre os homens".[7] Se retirarmos mais

---

7 Lukács, Die Verdinglichung und das Bewußtsein des Proletariats, op. cit., p.366.

Axel Honneth

uma vez dessas especulações da filosofia da história todos os excessos idealistas e as reduzirmos a um núcleo exíguo, então nos restaria a constatação de que a outra forma não reificada de práxis não foi plenamente eliminada das condições de reificação, mas simplesmente foi subtraída da consciência; da mesma maneira que Heidegger, também Lukács admite que as relações reificadas apresentam apenas um quadro de interpretação falso, um véu ontológico por trás do qual se esconde a facticidade do real modo de existência dos seres humanos.

Se seguirmos essa proposta de interpretação, para a qual no texto de Lukács raramente encontramos uma alternativa significativa, então ambos os pensadores entrariam em acordo mais uma vez em relação às suas respectivas compreensões do conceito de práxis: o que se encontra na alusão de Lukács à práxis participativa deve poder descrever, tal como o conceito de "cuidado" empregado por Heidegger, a forma de orientação prática na qual o modo de vida humano é caracterizado segundo sua estrutura; pois, em oposição à ideia dominante tornada "segunda natureza", de acordo com a qual o homem primeiramente apreende a realidade de uma forma neutra e meramente cognitiva, para Heidegger o homem efetua de fato o seu ser-aí no modo de um engajamento existencial, de uma "preocupação" [*Besorgtheit*], que lhe permite abrir um mundo cheio de significados. Essa propriedade elementar da práxis humana também tem de estar presente, ainda que de maneira rudimentar, nas relações sociais que, como Lukács afirma, recaem cada vez mais na reificação em virtude da expansão da troca de mercadorias; de outro modo, Lukács não poderia em hipótese alguma afirmar que é preciso meramente um ato de tomada de consciência (e não um ato de antecipação ou de rememoração) para, no decorrer das relações sociais reificadas, lançar luz à facticidade do engajamento prático. Dessa maneira, ambos os pensadores estão convencidos de que, mesmo no interior das falsas e ontologicamente cegas circunstâncias do presente, sempre encontramos aquelas estruturas elementares da forma de vida humana que são caracterizadas pela preocupação e pelo interesse existencial.

Desse traço comum resulta, contudo, como outra consequência, o fato de Lukács e Heidegger também precisarem entrar em acordo em relação a um terceiro e decisivo ponto. Até o momento, com efeito, mostrei em minha reconstrução que, para Lukács, o conceito de "reificação" não diz respeito nem a um erro categorial nem a um atentado contra regras morais, mas sim a uma falsa "postura" ou hábito, isto é, a uma forma habitual de práxis; porém, isso não pode estar completamente correto, já que ambos os autores concordam simultaneamente que a representação de relações objetivadas, materiais, encobre a "preocupação" e o engajamento reais apenas a título de véu hermenêutico. Sob essa premissa, Lukács também tem de admitir que a reificação não expõe uma forma falsa de práxis habitual, mas um hábito interpretativo falso em referência a uma práxis "correta", que sempre está presente de forma rudimentar; falar de relações "reificadas" significaria correspondentemente supor que os atores vivendo sob tais condições têm uma interpretação equivocada das práticas que, na verdade, já efetuam no seu cotidiano. Ao mesmo tempo, porém, essas interpretações falsas não podem ser pensadas como se não tivessem influência nas ações efetivas dos sujeitos; pois Lukács também afirmaria, como Heidegger, que a dominação da cisão sujeito-objeto, a hegemonia do esquema ontológico do "ser

Axel Honneth

previamente dado" [*Vorhandenheit*],[8] produz um efeito negativo ou mesmo completamente destrutivo sobre nossa práxis social cotidiana. Como consequência dessa complicação adicional, ambos os pensadores são forçados a defender a tese seguinte: o hábito tornado segunda natureza, que consiste em imaginar a relação do sujeito consigo mesmo e com seu mundo circundante a partir do padrão de uma apreensão neutra dos dados objetivos, também empresta à práxis humana no decorrer do tempo uma outra forma reificada, porém sem que o caráter originário do "cuidado" presente naquela práxis desapareça completamente; na forma de um saber pré-reflexivo ou de vestígios de ação elementares, esse caráter prévio, pelo contrário, tem de permanecer presente, de modo que uma análise crítica sempre pudesse trazê-la novamente à consciência. Para completar a tese então esboçada, Lukács teria de acrescentar ainda que os hábitos reificados do pensamento são produzidos menos pelo domínio de uma falsa ontologia do que pela generalização da troca de mercadorias: a crescente transformação das práticas sociais na direção de uma ação indiferente se deve às constrições que a participação nos processos de troca meramente calculados exerce sobre os hábitos interpretativos dos sujeitos.

Com essas considerações parciais chegamos já a um ponto em que podemos levantar a questão de se o conceito heideggeriano de "cuidado" pode contribuir para iluminar a ideia de práxis que Lukács fundamentou em sua crítica da reificação.

---

8 Sobre o esquema do "estar à mão" em Heidegger, cf. *Sein und Zeit*, op. cit., p.55. Cf. também a explicação mais esclarecedora da oposição entre "manualidade" [*Zuhandenheit*] e "estar à mão" de Heidegger em Dreyfus, *Being-in-the-World: a Commentary on Heidegger's Being and Time, Division I*, cap.4.

Reificação

A suposição de que o conceito de Heidgger possa ser frutífero já se mostra viável porque Lukács, na segunda alternativa de interpretação de sua teoria, caracteriza as estruturas dessa práxis originária, na medida em que procura determinar aquelas propriedades que parecem faltar ao comportamento meramente observador; disso resulta que, na verdade, o homem sempre precisa se comportar de modo engajado e interessado diante de seu mundo circundante da mesma maneira que Heidegger visou com seu conceito de "cuidado". À primeira vista, isso não significa mais nada de outro do que aquilo que hoje se entende como a "perspectiva do participante" em oposição à mera "perspectiva do observador": os seres humanos participam normalmente da vida social na medida em que se colocam na perspectiva de sua respectiva contraparte, cujos desejos, atitudes e pensamentos eles aprendem a reconhecer enquanto razão de sua própria ação; se, ao contrário, essa assunção de perspectiva não é realizada e se adota com isso uma atitude meramente contemplativa diante do outro, então se rompe o elo racional da interação humana porque esta não seria mais mediada pelo entendimento mútuo baseado em razões.[9] Os dois elementos que devem caracterizar a chamada perspectiva do participante consistem na assunção de perspectiva e no respectivo entendimento das razões que o outro possui para agir; e a questão que se coloca agora aqui é naturalmente a de saber se podemos com isso nomear com precisão aqueles aspectos que Heidegger, com seu conceito de "cuidado", e Lukács,

---

9 Sobre a ideia de uma "perspectiva do participante", cf. principalmente: Habermas, Was heißt Universalpragmatik?, in: *Vorstudien und Ergänzungen zur Theorie des kommunikativen Handels*, p.353-440; Dennett, *The Intentional Instance*.

com sua ideia de uma práxis "engajada", têm em vista antes de tudo. As intuições que ambos os pensadores vincularam ao criticar o domínio do esquema sujeito-objeto podem ser adequada e plenamente traduzidas na tese de que, na práxis de vida humana, a perspectiva do participante sempre possui um primado necessário frente ao mero ponto de vista do observador? Contra essa ideia há de início o fato de que Heidegger e também Lukács gostariam de compreender seus respectivos conceitos de práxis de modo que tal conceito abarcasse tanto as relações com os semelhantes quanto as com o resto do mundo circundante; de acordo com sua ideia, a atitude do "cuidado" ou do "engajamento" não deve valer somente para os sujeitos em interação humana, mas em princípio também para todo objeto que recaia no pano de fundo da práxis humana. Já Heidegger rejeitaria a categoria de "objeto" utilizada aqui por permanecer muito presa ao esquema ontológico da contraposição entre sujeito e objeto.[10] Não somente segundo sua extensão, mas também conforme sua intenção, os conceitos utilizados por Lukács e Heidegger parecem conter algo a mais ou diferente daquilo que está fixado na ideia de uma perspectiva do participante; pois o "cuidado" ou o "engajamento" são expressões que descrevem certamente um ato de assunção de perspectiva, mas no qual se acrescenta ainda um elemento de vínculo afetivo, até mesmo de predisposição positiva, que não é considerado na concepção do entendimento baseado nas ra-

---

10 Heidegger evita o uso do conceito de "objeto" [*Gegenstand*] ou também de "coisa" [*Ding*] no âmbito ontológico de sua análise existencial; em seus lugares, ele utiliza na maior parte das vezes o conceito de "instrumento" [*Zeug*] como categoria complementar de "ser-à-mão" [*Zuhandenen*]. Cf. Heidegger, *Sein und Zeit*, op. cit., p.68.

Reificação

zões para a ação.[11] Marca-se com isso um limite delgado, porém ainda mais decisivo, que separa as intuições de ambos os autores das considerações formuladas atualmente com a ajuda do conceito de atitude "comunicativa" ou "intencional": enquanto com esse conceito se afirma que os seres humanos procuram no geral se comunicar com outros na medida em que se percebem reciprocamente no papel de uma segunda pessoa, Lukács e Heidegger procuraram mostrar que tal atitude intersubjetiva sempre está ligada a um elemento de aprovação positiva, de dedicação existencial, que não encontra expressão suficiente na descrição das motivações meramente racionais.

Para compreender melhor quais devem ser as implicações dessa tese, é sensato considerar mais uma vez suas ideias fundamentais em toda sua extensão: afirma-se nada menos que a autorrelação humana e a relação humana com o mundo não estão ligadas apenas de maneira ontogenética, mas inicialmente também de modo categorial a uma atitude zelosa antes que possam surgir outras orientações emocionalmente neutras. Podemos retomar nosso tema condutor ao mostrar que o abandono da postura zelosa, originalmente dada, deve levar a uma atitude diante do mundo circundante em que seus elementos são experimentados somente como entidades materiais, meramente como "algo previamente dado"; de maneira correspondente, "reificação" se refere a um hábito de pensamento, uma perspectiva habitualmente apática que, ao ser adotada, faz que o sujeito perca tanto sua capacidade de engajamento interessado quanto

---

11 Hubert Dreyfus também ressaltou no conceito heideggeriano de "cuidado" esse componente da predisposição positiva que ultrapassa seu significado instrumental. Cf. Dreyfus, *Being-in-the-World*, op. cit., cap.14.

Axel Honneth

o mundo circundante perca seu caráter de abertura qualitativa. Antes de desenvolver a questão de saber se tais explicações nos permitem fazer um uso hoje aproveitável do conceito de "reificação", preciso tentar, contudo, justificar sua premissa fundamental, ou seja, a tese de que a atitude do cuidado possui um primado não apenas ontogenético, mas também conceitual diante de uma apreensão neutra da realidade. No próximo passo, gostaria de reformular as afirmações apresentadas com a ajuda de outra linguagem teórica, uma vez que pretendo substituir cautelosamente o conceito heideggeriano de "cuidado" pela categoria de "reconhecimento", que remonta a Hegel; por essa via, parece-me possível fundamentar a tese de que, na autorrelação humana e na relação humana com o mundo, uma postura zelosa, que visa o reconhecimento, precede tanto ontogenética quanto categorialmente todas as outras atitudes. Apenas depois de ter mostrado isso poderei voltar então à nossa questão condutora de como podemos, hoje, rever de maneira sensata o conceito de "reificação" de Lukács. A título de ponte para a categoria do "reconhecimento", eu gostaria inicialmente de utilizar, porém, uma ideia de John Dewey em que as reflexões de Lukács e Heidegger são formuladas ainda de outro modo.

Em dois artigos fascinantes, que foram publicados logo após o aparecimento de *História e consciência de classe*, John Dewey esboçou no vocabulário de sua própria teoria uma concepção da relação originária dos homens com o mundo que se assemelha surpreendentemente em muitos pontos às interpretações de Lukács e Heidegger.[12] As reflexões de Dewey mostram que

---

12 Dewey, Affektives Denken, op. cit., p.117-25; Qualitatives Denken, op. cit., p.94-116.

Reificação

cada apreensão da realidade está ligada a uma forma holística de experiência em que todos os dados de uma situação estão abertos de maneira qualitativa para nós a partir de uma perspectiva de engajamento interessado; se levarmos esse raciocínio longe o bastante, é possível justificar não apenas a passagem do conceito de "cuidado" para o de "reconhecimento", mas também demonstrar o primado de tal reconhecimento diante de todas as atitudes meramente cognitivas em relação ao mundo.

Da mesma maneira que Lukács e Heidegger, também Dewey é extremamente cético em relação à concepção tradicional segundo a qual nossa relação primária com o mundo é uma relação de confrontação neutra com um objeto a ser conhecido. Ele certamente não utiliza o conceito de "reificação" para a caracterização dessa doutrina, também está distante dele o *pathos* da visão de mundo de Heidegger, mas, se considerarmos a questão que está em causa, ele concordaria com ambos os pensadores no fato de que o domínio do modelo sujeito-objeto não pode permanecer sem consequências para a autocompreensão social: quanto mais o pensamento dominante ainda se apoiar na oposição tradicional entre sujeito e objeto, com mais força será prejudicada nossa práxis de vida social, porque a cognição e o sentimento, a teoria e a práxis, a ciência e a arte cada vez mais serão separados.[13] A fundamentação oferecida por Dewey para sua crítica ao "modelo do espectador" do conhecimento, no entanto, parece ser essencialmente mais direta e simples do que aquela de Lukács ou Heidegger;[14] sem aqueles rodeios de uma

---

13 Cf. por exemplo, a introdução de John Dewey em "Affektives Denken", op. cit., p.117.

14 Cf. idem, *Die Suche nach Gewißheit*, p.27 e ss.

Axel Honneth

crítica da cultura, ele pretende mostrar, com a ajuda de argumentos da teoria da linguagem e da epistemologia, que, na base de todo o conhecimento racional, há uma experiência sensivelmente rica com o mundo circundante que deve prevalecer do ponto de vista prático. Dewey começa sua exposição dizendo que todas as afirmações de existência têm sua raiz cognitiva em uma situação que, "apesar de sua complexidade externa 'para o sujeito agente', é inteiramente dominada e caracterizada por uma qualidade única";[15] não importa se se trata da interação com outras pessoas ou com objetos materiais, sempre os dados de uma situação são utilizados à luz de uma experiência qualitativamente determinada que não permite distinguir os elementos emocionais, cognitivos ou volitivos, pois o que vivenciamos em tais momentos, o que compõe, segundo Heidegger, o "estado de ânimo" [*Stimmung*] de tais situações, domina nossa autorrelação e nossa relação com o mundo de um modo tão abrangente que nos é impossível isolar um aspecto determinado. De acordo com Dewey, nesta qualidade originária de toda nossa vivência se explicita o fato de que, enquanto seres ativos, nós nos relacionamos de início com o mundo imbuídos de uma proximidade existencial e de um engajamento prático; em outro lugar, ele utiliza para o mesmo caso o conceito de "interação",[16] que torna claro não se tratar de uma atitude autocentrada e egoísta, mas de um esforço de nos envolvermos em todas as situações dadas interessados em um intercâmbio que ocorre sem atritos e da maneira mais harmoniosa possível: no cuidado, o mundo não se abre para nós, antes viven-

---

15 Dewey, Qualitatives Denken, op. cit., p.97.
16 Cf. idem, *Erfahrung und Natur*, cap.5.

Reificação

ciamos situações cuidando para manter uma interação fluida com o mundo circundante. De agora em diante, chamarei essa forma originária de se relacionar com o mundo de "reconhecimento"; com isso, gostaria de maneira provisória somente de chamar atenção para o fato de que, em nossa ação, não nos relacionamos previamente com o mundo adotando uma postura neutra, própria do conhecimento, mas uma atitude zelosa, existencialmente tingida: atribuímos de início aos dados de nosso mundo circundante sempre um valor específico que nos mantém atenciosos ao nos relacionarmos com eles. Desse modo, o conceito de "reconhecimento", nesse âmbito elementar, compartilha não somente da concepção de "engajamento prático" de Dewey, mas dos conceitos de "cuidado" de Heidegger e de "engajamento" de Lukács, no que concerne às ideias fundamentais sobre a precedência de um interesse existencial no mundo, que se nutre da experiência de seu valor intrínseco.[17] Uma postura de reconhecimento expressa, portanto, um apreço pelo significado qualitativo que as outras pessoas e coisas possuem para a efetuação de nossa existência.

No decorrer de sua exposição, Dewey pretende mostrar que só poderíamos chegar a uma classificação e análise racionais de uma situação vivida após nos separar de sua unidade qualitativa por um ato de distanciamento: os componentes analíticos que precisamos para lidar intelectualmente com um problema

---

17 De acordo com essa interpretação, o conceito de "cuidado" em Heidegger sempre contém um elemento de descentralização, na medida em que se trata também de uma consideração das pretensões internas do objeto. Tal interpretação difere daquela oferecida por Tugendhat, Schwierigkeiten in Heideggers Umweltanalyse, in: *Aufsätze: 1992-2000*, p.109-37.

referente a uma ação surgem para nós da tentativa reflexiva de separar posteriormente cada um dos componentes que antes vivenciamos juntos na correlação de um estado de ânimo único. Somente agora, na "elaboração" secundária de uma situação, desmembramos seus elementos emocionais e cognitivos e destilamos também um objeto do conhecimento com o qual o indivíduo ativo pode, na qualidade de sujeito, se confrontar de maneira afetivamente neutra; toda sua atenção, que antes foi completamente perdida no curso da experiência direta, pode agora ser empregada como energia cognitiva para lidar intelectualmente com um problema que deixa para trás todos os outros dados da realidade ao privilegiar um objeto. Mas o teor originário e qualitativo da experiência, acentua Dewey de maneira incansável, não deve se perder nesse processo cognitivo de abstração, caso contrário surge a ficção nociva de um objeto meramente existente, de algo meramente "dado";[18] pois, tão logo esquecemos qual tipo de estado de ânimo nos acompanha desde o começo de nossos esforços reflexivos, foge-nos o motivo de termos nos empenhado inicialmente nessa reflexão. Para não perder de vista a meta de todas as nossas operações do pensamento, é preciso sempre manter de maneira consciente, como um pano de fundo, sua origem na vivência qualitativa.

Dewey torna clara essa exigência no caso das predicações simples concebidas por ele como um exemplo para as operações de abstração linguísticas no momento de fixação de um objeto do conhecimento. Se tomarmos um enunciado qualquer que possua a forma sujeito-predicado, então sua configuração

---

18 Dewey, Qualitatives Denken, op. cit., p.107.

Reificação

linguística sugere que uma propriedade foi meramente atribuída a um objeto dado; se deixarmos isso somente na forma da predicação, então em última instância é ontologicamente impossível perceber qual relação a propriedade deveria de fato ter com uma entidade aparentemente independente; esse enigma só pode ser solucionado se levarmos em consideração que o enunciado predicativo é tributário da tentativa de abstração de uma experiência que é qualitativamente constituída desde seu começo; pois assim fica claro que sujeito e predicado se complementam de maneira "correlativa" porque originalmente apontam para a direção de um engajamento vivenciado em termos qualitativos.[19] De um modo que indubitavelmente remete à distinção heideggeriana entre "manualidade" [*Zuhandenheit*] e "ser previamente dado" [*Vorhandenheit*], Dewey elucida mais uma vez seu argumento com o exemplo da predicação "todos os homens são mortais": esse enunciado perde o caráter sugestivo de mera atribuição no instante em que o traduzimos em sua forma originária a partir da proposição transitiva "homens morrem", a qual articula o "cuidado" com o "destino humano" – "cuidado" que se encontrava no começo do processo linguístico de abstração.[20]

Dewey está evidentemente convencido de que, segundo esse padrão, podemos decifrar todos os enunciados em que os homens são determinados por um predicado. Tais predicações sempre manifestam para ele o resultado de uma reformulação objetivadora dos medos, preocupações e expectativas que sentimos diante de pessoas quando, ao encontrá-las, adotamos

---

19 Ibidem, p.106.
20 Ibidem.

uma atitude habitual de reconhecimento. Nesse ponto de partida, as duas partes do último enunciado proposicional se relacionam de maneira "correlativa" porque formam qualidades subjacentes da experiência que somente em sua correlação revela a direção de nossa preocupação; em lugar algum já "existe" um objeto fixo e com contornos claros, ao qual podemos simplesmente lhe atribuir o nome "homem", e que existiria independentemente dos efeitos qualitativos que antecipamos em nosso engajamento existencial. Somente a transformação de tal experiência em um enunciado universal destrói a conexão circular que existia antes entre a pessoa vivente e o efeito notado; e assim pode surgir aquela ficção ontológica segundo a qual "existiria" um homem totalmente sem propriedades, porque estas lhe seriam atribuídas apenas no processo de predicação. Em uma formulação que lembra não a letra, mas o espírito dos textos de Heidegger, Dewey (bem como mais tarde Winfried Sellars) fala de uma "ideia enganosa do 'dado'": "A única coisa que nos é dada sem nenhuma determinação específica é a qualidade pervasiva total; e a objeção de chamá-la como algo que está 'dado' é a de que a palavra sugere *alguém para quem* esse algo está dado – um espírito, pensamento ou consciência, ou ainda outra coisa –, bem como possivelmente algo que 'se dá'. Na verdade, nesse contexto, o 'dado' significa apenas que a qualidade existe imediatamente, ou se encontra na sua forma bruta. Com essa capacidade, ele forma tudo aquilo a que se referem os objetos do pensamento".[21] Partindo dessas reflexões, pretendo mostrar que o reconhecimento possui um primado tanto ontogenético quanto conceitual em relação ao conhecimento.

---

21 Ibidem, p.107.

III
O primado do reconhecimento

Para se tornar compreensível a tese de que o comportamento participativo precede a apreensão neutra da realidade, que o reconhecimento precede o conhecimento, eu preciso abandonar o âmbito da história da teoria em que até agora exclusivamente me movi. São necessárias algumas evidências e argumentos independentes para poder mostrar, sem meramente apelar às autoridades filosóficas, que uma camada de engajamento existencial se encontra de fato na base de todas as nossas relações objetivadoras com o mundo; após esse passo intermediário, será possível esboçar de que maneira um conceito de "reificação" deveria ser configurado, preservando as intuições de Lukács nos termos de uma teoria do reconhecimento. A título de contraste, quero defender novamente a tese segundo a qual a especificidade do comportamento humano reside na atitude comunicativa que acompanha a adoção da perspectiva do outro; em oposição a isso, eu gostaria de afirmar que essa capacidade de assumir racionalmente a perspectiva do outro está enraizada em uma interação prévia, que carrega os traços de uma preocupação existencial. Pretendo confirmar inicialmente tal hipótese de um ponto de vista ontogenético, na medida em que me concentrarei nas precondições pressupostas para que uma criança seja capaz de assumir a perspectiva do outro (I), antes de tratar então da tarefa ainda mais difícil que consiste em apresentar uma prova sistemática ou categorial para tal hipótese (II).

(I) No âmbito de uma psicologia do desenvolvimento ou da pesquisa acerca da socialização, já há muito tempo domina a ideia de que o surgimento da capacidade cognitiva e afetiva da criança precisa ser pensado como um processo que se efetua mediante o mecanismo de assunção de perspectiva. De acordo com essa ideia, que se deve a uma junção das teorias de Piaget e de G. H. Mead,[1] ou de Donald Davidson e Freud,[2] a aquisição de capacidades cognitivas no processo de desenvolvimento infantil está intimamente entrelaçada com a formação das primeiras relações comunicativas: a criança aprende a se relacionar com o mundo objetivo de objetos constantes na medida em que, da perspectiva de uma segunda pessoa, ela realiza um descentramento gradual de sua própria perspectiva, de início egocêntrica. O fato de o bebê começar desde cedo a se comunicar com sua pessoa de referência, enriquecer sua visão e perceber objetos significativos, é interpretado por essas teorias como demonstração de uma fase de experimentação na

---

1 Cf. Habermas, Individuierung durch Vergesellschaftung: zu George H. Meads Theorie der Subjektivität, in: *Nachmetaphysisches Denken*, p.187 e ss.

2 Cf. Cavell, *Freud und die analytische Philosophie des Geistes: Überlegungen zu einer psyschoanalytischen Semantik*.

Reificação

qual a independência de outro ponto de vista sobre o mundo existente é colocada constantemente em teste; e na medida em que a criança consegue se colocar nessa segunda perspectiva e, a partir dela, perceber seu mundo circundante, ela deve dispor de uma instância corretiva que lhe permita criar, pela primeira vez, uma representação objetiva dos objetos. Em geral, hoje em dia, no momento em que a criança consegue se inserir em tal triangulação,[3] ela já atingiu os nove meses; por essa razão, nas novas pesquisas também se falou sobre a "revolução dos nove meses",[4] pois nessa idade já foi adquirida a capacidade de se perceber a pessoa de referência como um ator intencional cuja atitude está igualmente orientada ao mundo circundante e, portanto, possui um significado tão grande quanto a atitude da própria criança.

O que é notório em todas essas teorias de uma psicologia do desenvolvimento – as quais, como o fizeram George H. Mead e Donald Davidson, enfatizam a necessidade da assunção de perspectiva para o surgimento do pensamento simbólico – é o grau com que ignoram o lado emocional da relação entre a criança e sua pessoa de referência; já em Mead havia uma certa tendência em conceber os primeiros passos em direção à assunção de perspectiva de um outro concreto como se, nesse processo, o investimento afetivo raramente desempenhasse al-

---

3 No que se segue, apoio-me sobretudo em Tomasello, *Die kulturelle Entwicklung des menschlichen Denkens*; Hobson, *Wie wir denken lernen*; Dornes, Die emotionalen Ürsprunge des Denkens, in: *WestEnd: Neue Zeitschrift für Sozialforschung*, v.2, n.1, p.3-48.

4 Tomasello, *Die kulturelle Entwicklung des menschlichen Denkens*, op. cit., p.77 e ss.

gum papel significativo para a criança.[5] Parece prevalecer uma tendência em favor do cognitivismo na maior parte das tentativas de esclarecer o surgimento das atividades intelectuais a partir da relação comunicativa com a pessoa de referência: a relação triangular em que se encontra a criança logo que, após a fase de protoconversação, passa a suspeitar da independência da perspectiva da segunda pessoa é representada como um amplo espaço onde os sentimentos estão ausentes. Há pouco tempo, novas investigações procuraram corrigir essas abstrações cognitivistas ao compará-las com os casos de crianças autistas; pôde-se concluir com uma regularidade surpreendente que a criança precisa primeiro ter se identificado emocionalmente com sua pessoa de referência antes de poder avaliar a atitude desta como uma instância corretiva. Gostaria de me apoiar no resultado dessas pesquisas a fim de poder justificar o primado ontogenético do reconhecimento sobre o conhecimento.

Provavelmente foi a comparação empírica com crianças autistas que permitiu a tais investigações desenvolver uma maior sensibilidade para os componentes afetivos presentes nos processos de interação da primeira infância; pois, no geral, constatou-se que a principal causa de surgimento do autismo consistia no fato de diversas barreiras, que na maior parte das vezes são constitutivas, impedirem um sentimento de vínculo da criança com suas pessoas primárias de referência. Nos casos normais, ao contrário, tal como notam Peter Hobson e Michael Tomasello, tal identificação emocional com os outros explicita um pressuposto necessário para que aquela assunção

---

5 Honneth, *Kampf um Anerkennung: zur moralischen Grammatik sozialer Konflikte*, p.128.

Reificação

de perspectiva levasse ao desenvolvimento de um pensamento simbólico.[6] O ponto de partida dessas investigações consiste no próprio processo de transição de uma intersubjetividade primária para uma secundária, tendo em vista uma abordagem centrada nas capacidades cognitivas: por volta dos nove meses, a criança faz uma série de progressos observáveis em seu comportamento interativo no momento em que começa, com gestos protodeclarativos, a apontar objetos para sua pessoa de referência a fim de que ambas possam observá-los conjuntamente; além disso, a criança pode, pela primeira vez, fazer que a sua atitude em relação aos objetos significativos dependa da maneira com que se comporta expressivamente, criando assim uma reação por parte do outro concreto; por fim, no processo dos jogos simbólicos, que Mead chamou simplesmente de *play*, a criança parece compreender que significados familiares podem ser desacoplados de seus objetos e transferidos para outros objetos, desenvolvendo assim uma nova função com a qual a criança passa a lidar de forma criativa. Ambas as teorias, que até o momento procurei diferenciar, estão de acordo ao estabelecer um ou outro passo de aprendizagem; ambas enfatizam igualmente os desenvolvimentos que ocorrem nas relações comunicativas por meio das quais a criança aprende progressivamente, a partir da perspectiva de uma segunda pessoa, a perceber objetos enquanto entidades de um mundo objetivo que existe independentemente de nossas atitudes. Mas,

---

6 Cf. Hobson, *Autism and the Development of Mind*; Tomasello, *Die kulturelle Entwicklung des menschlichen Denkens*, op. cit., p.94 e ss. Martin Dornes oferece uma visão de conjunto em seu "Die emotionalen Ursprünge des Denkens", op. cit., p.23 e ss.

Axel Honneth

diferentemente das abordagens cognitivistas, Hobson e Tomasello defendem que a criança não pode efetuar todos esses passos interativos de aprendizagem se não tiver desenvolvido antes um sentimento de vínculo com sua pessoa de referência; pois somente tal identificação prévia permite à criança deixar-se mover, motivar ou entusiasmar de tal maneira na presença do outro concreto a ponto de compreender com interesse suas mudanças de atitude.

Talvez possamos apontar o que há de melhor nessa teoria se nos voltarmos mais uma vez aos diferentes esclarecimentos que ela oferece para o caso do autismo. Enquanto as abordagens tradicionais, centradas nos processos cognitivos, voltam a analisar o surgimento do comportamento autista como um déficit cognitivo dependente de distúrbios nas funções do pensamento e da linguagem, Tomasello e Hobson identificam, a título de causa decisiva do autismo, uma receptividade deficiente da criança para a presença emocional da pessoa de referência; essa indiferença também pode ser determinada fisiológica ou geneticamente, porém é ainda mais decisivo o fato de a criança autista ser estruturalmente incapaz de se identificar com o outro concreto. Já fazendo uma ponte com meu próprio tema, Martin Dornes resumiu os resultados desse esclarecimento do autismo com base nos sentimentos e afetos: porque a criança autista "não é receptiva com respeito aos sentimentos, ela permanece fechada em seu próprio mundo e não conhece outra perspectiva. Ela não vê, ou, melhor dizendo, ela não *sente* que expressões faciais, movimentos corporais e gestos comunicativos exprimem atitudes. Ela é cega para o conteúdo mental e expressivo de tais expressões, ou seja, para seu significado. Nesse sentido, a criança não é 'espiritualmente cega' devido

Reificação

a um déficit cognitivo; ela é espiritualmente cega porque, em primeiro lugar, é emocionalmente cega".[7]

Gostaria de apontar apenas de passagem que Theodor W. Adorno, em alguns momentos de sua obra, também apresentou reflexões semelhantes sobre a questão. Sobretudo na *Minima Moralia* e na *Negative Dialektik* [*Dialética negativa*] encontram-se sempre formulações que permitem reconhecer que ele pressupôs, de modo semelhante a Hobson e Tomasello, que o espírito humano se desenvolve quando, desde cedo, passamos a imitar nossa pessoa de referência, qualquer que seja ela. Em um aforismo célebre de sua *Minima Moralia*, Adorno afirma que "um ser humano se torna ser humano", ou seja, um ser espiritual, "somente ao imitar os outros seres humanos"; e lê-se logo em seguida que tal imitação constitui a "forma primitiva do amor".[8] Trata-se aqui do mesmo descentramento que os outros dois autores entenderam como ponto de partida do processo de aprendizagem espiritual da criança, a saber, um tipo de engajamento existencial e evidentemente afetivo em relação ao outro que permite pela primeira vez percebermos que sua perspectiva sobre o mundo também é muito significativa. O ato de se colocar na perspectiva da segunda pessoa requer uma forma de reconhecimento que não é passível de ser plenamente apreendida em conceitos meramente cognitivos ou epistemológicos porque contém sempre um momento de abertura, entrega e amor voluntários. Essa doação, ou como diz Adorno apoiando-se em termos psicanalíticos, essa catexia libidinal do objeto, é o que permite à criança se colocar na perspectiva

---

7 Dornes, *Die emotionallen Ürsprunge des Denkes*, op. cit., p.26.
8 Adorno, *Minima Moralia*, p.292, aforismo 99.

do outro de modo que, com sua ajuda, ela pode adquirir uma representação ampliada e, finalmente, impessoal da realidade circundante.

Naturalmente, essa ideia concernente à psicologia do desenvolvimento não precisa ser equiparada ao conjunto de ideias que apresentei anteriormente sobre uma convergência entre Lukács, Heidegger e Dewey. Trata-se naquele ponto de apontar o primado de uma determinada postura de envolvimento ou de reconhecimento diante de todas as formas neutras de relação com o mundo, enquanto aqui se trata, num sentido tão somente temporal, do primado de uma receptividade emocional que antecede a transição rumo ao conhecimento de objetos intersubjetivamente dados; nem o tipo de primado nem o caráter específico daquilo que se afirma ter primazia são os mesmos em ambos os casos – o vínculo ou a identificação emocional com o outro concreto é algo totalmente diferente daquela preocupação básica com os dados situacionais que Heidegger e Dewey tinham em mente. No entanto, acredito que o achado ontogenético pode oferecer uma primeira indicação capaz de tornar plausível a tese geral, pois parece que é a partir da perspectiva da pessoa amada que a criança passa a ter uma ideia da plenitude de significados existenciais que os dados de uma situação podem possuir para os seres humanos; portanto, graças ao vínculo emocional com suas pessoas de referência, abre-se um mundo em que ela precisa se engajar de maneira prática em virtude daquelas qualidades plenas de significados. Gênese e validade ou, expresso em termos marxistas, história e lógica, não podem estar tão separadas a ponto de as condições de desenvolvimento do pensamento infantil perderem a relevância para o significado categorial de nosso conhecimento do mun-

Reificação

do. É exatamente nesse sentido que Adorno pretendeu entender a causa libidinal dos afetos presentes em nossas operações cognitivas: o fato de a criança conseguir compreender objetivamente a realidade a partir da perspectiva da pessoa amada significa para nosso conhecimento que, quanto mais adequado e correto for este último, mais perspectivas seremos capazes de assumir a fim de apreender um único objeto da percepção; mas essa assunção de mais perspectivas, que permite a cada vez reconhecer um novo aspecto do objeto, está ligada, como ocorre com a criança, aos pressupostos não epistêmicos raramente disponíveis de uma abertura ou identificação emocional. Desse modo, para Adorno, a exatidão de nosso conhecimento está misturada ao grau de reconhecimento emocional, de aceitação afetiva das outras várias perspectivas possíveis. Mas, com isso, eu já abandonei o campo da argumentação próprio de uma psicologia do desenvolvimento e entrei subitamente no terreno da demonstração categorial.

(2) O que espero ter conseguido mostrar até o momento, no melhor dos casos, é que na ontogênese, ou seja, no processo entendido de forma cronológica, o reconhecimento tem de preceder o conhecimento; pois, se tal investigação estiver correta, tratar-se-ia de um processo de formação individual em que a criança, pela primeira vez, passa a se identificar com sua pessoa de referência e, além disso, já precisa tê-la reconhecido emocionalmente antes que possa, a partir dessa outra perspectiva, chegar a conhecer o mundo de forma objetiva. Ora, já chamei atenção em minhas últimas considerações sobre Adorno para o fato de essas condições de desenvolvimento emocional do

nosso pensamento muito provavelmente também revelarem seus critérios de validade; mas esse tipo de especulação evidentemente não pode substituir os argumentos que seriam necessários para falar do primado do reconhecimento sobre o conhecimento também em sentido conceitual. Heidegger e Dewey, mas supostamente também Lukács, tinham em vista esse primado quando afirmaram que uma atitude de cuidado ou de envolvimento existencial precede em princípio a relação epistemológica dos homens com o mundo; eles procuraram mostrar que nossos esforços para adquirir conhecimento têm de malograr ou perder seu sentido se não atentarmos ao fato desse reconhecimento prévio. Em Heidegger, podemos notar essa abordagem quando ele mesmo pretende conceber o conhecimento das coisas de um ponto de vista "científico", plenamente objetivo, como derivado de uma atitude precedente e que foi descrita com o conceito de "cuidado";[9] e em John Dewey podemos ver que toda investigação deve permanecer consciente de sua origem na problemática difusa das incertezas do mundo da vida para não perder de vista o "princípio regulador" de seus esforços.[10] Eu gostaria de propor um terceiro caminho, mais próximo de nosso tema, a fim de mostrar que nossas relações cognitivas com o mundo também estão ligadas, em um sentido conceitual, às atitudes de reconhecimento. Parece-me aconselhável apresentar nesse ponto as reflexões que Stanley Cavell dedicou à relação entre conhecimento e reconhecimento.

---

9 Cf. Heidegger, *Sein und Zeit*, op. cit., p.136.
10 Dewey, Qualitatives Denkens, op. cit., p.116.

Reificação

Como se sabe, Cavell chegou ao seu próprio conceito de reconhecimento (*acknowledgment*) ao criticar a ideia de que poderíamos ter um conhecimento direto e imediato dos estados mentais das outras pessoas, das chamadas "outras mentes".[11] Segundo sua aboradagem, os representantes de tal posição concederam demais a uma premissa que foi apoiada justamente pelos seus opositores, os céticos; estes sempre entenderam a questão sobre o acesso aos estados mentais dos outros como um desafio epistemológico de tal modo que puderam exigir uma resposta com base em categorias de um saber seguro. Enquanto os anticéticos tentarem refutar o ceticismo sob as condições de uma tal diretriz, segundo Cavell, eles estão indubitavelmente condenados a falhar; pois, em última instância, também eles não podem disputar o fato de que nosso conhecimento sobre o estado emocional dos outros nunca poderá possuir o tipo de certeza qualitativa que caracteriza o conhecimento da perspectiva de uma primeira pessoa. A tentativa de descrever o acesso ao outro sujeito com o padrão de uma relação de conhecimento não dá conta do fato de que os estados mentais não são simplesmente objeto de um saber; mesmo quando um sujeito, ao falar de suas próprias dores e ciúmes, afirma "saber" de seus próprios estados, indicaria antes que ele está tão envolvido ou "transpassado"[12] por tais sensações e experiências que seria muito difícil dizer aqui que se trata de um conhecimento ou de um saber em sentido neu-

---

11 Cf. Cavell, Wissen und Anerkennen, op. cit., p.34-75; sobre a teoria da intersubjetividade de Cavell, cf. Hammer, *Stanley Cavell: Skepticism, Subjectivity, and the Ordinary*, cap.3.

12 Cavell, Wissen und Anerkennen, op. cit., p.68.

Axel Honneth

tro. Em suas relações com os outros, o próprio sujeito não é um objeto sobre o qual compartilha informações como se fossem fatos a serem comunicados; pelo contrário, ele expõe seus estados emocionais a seu parceiro de interação, como diz Cavell fazendo referência a Wittgenstein, na medida em que o faz notar suas próprias experiências.

Até esse ponto, a argumentação de Cavell se assemelha muito àquela que Sartre desenvolveu, na terceira parte de seu *O ser e o nada*, no contexto de sua discussão com o ceticismo.[13] Também Sartre está convencido de que o ceticismo não pode ser refutado no que diz respeito ao conhecimento das outras mentes enquanto tal refutação estiver presa à premissa de um acesso cognitivo primário à outra pessoa; pois pressupor esse tipo de relação significa erigir um ideal de certeza epistêmica que já por isso não é alcançável, uma vez que nem para os próprios concernidos os estados emocionais podem ser objeto de um saber ou de conhecimento. De acordo com Sartre, essa assimetria só pode ser superada se a relação de um sujeito com seu outro for pensada, em princípio, a partir do mesmo padrão com que imaginamos a relação dessa segunda pessoa com seus próprios estados emocionais e experiências; sendo assim, uma vez que aqui não podemos falar de conhecimento estritamente, mas de afecção ou envolvimento, deveríamos pensar também o agente comunicativo não como um sujeito epistemológico, mas

---

13 Sartre, *Das Sein und das Nichts: Versuch einer phänomenologischen Ontologie*, principalmente p.405-23; cf. também Honneth, Erkennen und Anerkennen: zu Sartres Theorie der Intersubjektivität, in: *Unsichtbarkeit: Stationen einer Theorie der Intersubjektivität*, p.71-105.

72

Reificação

um sujeito envolvido existencialmente, que não toma conhecimento dos estados emocionais e experiências da outra pessoa de uma forma neutra, sendo antes afetado por aqueles na sua própria autorrelação.

Apesar de toda a diferença metodológica, também nesses resultados parciais Cavell concordaria amplamente com Sartre. Após mostrar que as afirmações sobre os próprios estados emocionais não devem ser entendidas na qualidade de testemunhos de um saber, Cavell retira consequências para nossa compreensão das relações elementares de interação que se aproximam muito daquelas de uma análise fenomenológica empreendida por Sartre: se um falante, em uma situação comum, exprime seus sentimentos a uma segunda pessoa sem exigir que esta os observe como um objeto do conhecimento, então a reação linguística desta segunda pessoa não deve ser interpretada como efetuação de um conhecimento; em geral, o ouvinte manifesta na verdade, com sua réplica, seu "engajamento" nos sentimentos que o falante o fez notar. Nas palavras do próprio Cavell: "Eu poderia dizer aqui que a razão de a afirmação 'Eu sei que você sente dor' não denotar uma expressão de certeza consiste no fato de ser uma reação a essa revelação; ela é uma expressão de *engajamento*".[14]

Com esse conceito de "engajamento" já nos aproximamos dos elementos que me interessam acima de tudo na argumentação de Cavell. O que ele gostaria de dizer com Wittgenstein é que todo conhecimento possível dos estados emocionais de outro sujeito é precedido, de início, por uma certa postura em que me sinto existencialmente incluído nesse mundo de senti-

---

14 Cavell, Wissen und Anerkennen, op. cit., p.69.

Axel Honneth

mentos e sensações; uma vez feito isso e produzida uma certa forma de ligação com o outro, então percebo suas expressões emocionais segundo aquilo que são conforme seu conteúdo, a saber, como exigências que me são levantadas para que eu reaja de um modo correspondente. *"Reconhecer"*, ou seja, *to acknowledge*, significa, por conseguinte, para Cavell adotar uma postura em que as manifestações comportamentais de uma segunda pessoa podem ser compreendidas como demandas que sugerem algum tipo de reação;[15] se não se seguir reação alguma, ou uma reação meramente negativa, então isso significa que a manifestação emocional do outro não foi adequadamente compreendida. Nessa medida, Cavell liga a compreensão de proposições emocionais estritamente aos pressupostos não epistêmicos de uma postura de reconhecimento; e a incapacidade de adotar uma atitude desse tipo significa para ele, em última instância, a incapacidade de manter relações sociais.[16] E é aqui o lugar em que Cavell e Sartre se separam. Certamente ambos os autores substituem o modelo cognitivo de interação social, que para eles herdou o fardo do ceticismo, por um modelo de afecção recíproca: em geral, os sujeitos estão certos de ter diante de si outro sujeito com propriedades espirituais porque são tocados pelos estados emocionais de modo a ser impelidos a reagir de algum modo. Mas, enquanto Sartre conclui que os sujeitos permanecem limitados à liberdade de sua ilimitada transcendência,[17] Cavell se contenta com a prova terapêutica do

---

15 Ibidem, p.70.

16 Cf. a fascinante análise de Cavell sobre a peça *Rei Lear*: Cavell, The Avoidance of Love, in: *Must We Mean What We Say?*, p.267-353.

17 Cf. Sartre, *Das Sein und das Nichts*, op. cit., p.471.

Reificação

primado necessário do reconhecimento; pois, para ele, o perigo inerente na sedução cotidiana do modelo cognitivista é grande demais para que não se necessite sempre relembrar o fato do engajamento recíproco. A única coisa que Cavell pretende conseguir com sua intervenção apoiada na análise da linguagem é uma defesa contra uma falsa imagem da comunicação humana intersubjetiva: o tecido da interação não é, tal como a filosofia geralmente assumiu, fabricado pelo material dos atos cognitivos, mas pelo material das posturas de reconhecimento. A razão de normalmente não termos dificuldade para compreender as expressões emocionais dos outros sujeitos consiste em que assumimos de saída uma atitude na qual nos parece evidente que o conteúdo presente em tais manifestações nos convida à ação.

Com esse resumo final precisaria estar claro por que acredito que a análise de Cavell complementa, com um argumento sistemático, minha tese desenvolvida até aqui apenas em termos de uma história da teoria. Segundo minha interpretação, Lukács, Heidegger e Dewey estavam convencidos de que, no campo da ação social, o reconhecimento tem de preceder o conhecimento; e os resultados alcançados pela psicologia do desenvolvimento, a partir dos quais argumentei, permitiram apoiar os conceitos esboçados também em um sentido temporal ou genético. Mas apenas recorrendo aos argumentos de Cavell foi possível defender, além do sentido temporal, também o sentido categorial de minha tese; pois, de acordo com sua análise, estamos em condição de entender o significado de uma classe determinada de expressões linguísticas se adotarmos aquela atitude ou postura que ele descreveu como *acknowledgment*. O entendimento linguístico, em suma, está ligado ao pressuposto não epistemológico do reconhecimento do ou-

75

tro. Cavell também parece estar de acordo com a intenção de nossos três autores na medida em que, com essa forma de "reconhecimento", ele se refere a algo mais ou diferente daquilo que está contido no conceito de uma ação comunicativa ou na simples assunção de perspectiva; pois, da mesma maneira que na categoria de "cuidado" empregada por Heidegger, o conceito de Cavell inclui um momento de engajamento afetivo, de uma identificação prévia, que não é levado em consideração pelo modelo centrado no mero entendimento das razões que o outro teria para agir.

Certamente, Cavell não está convencido de que, quando adotamos tal atitude de reconhecimento, isso implique reagir diante do outro de uma forma sempre benévola e afetuosa; também a mera indiferença ou sentimentos negativos são, para ele, ainda modos possíveis de reconhecimento intersubjetivo, uma vez que refletem somente uma afirmação não epistêmica da personalidade humana.[18] Nessa medida, o adjetivo "positivo", que também utilizei até o momento em relação ao conceito de "engajamento", não precisa ser entendido no sentido de uma demonstração de sentimentos positivos e amigáveis; esse adjetivo significa antes apenas o fato existencial, com consequências para nosso comportamento afetivo, de que temos de afirmar o valor do outro ao adotarmos a atitude de reconhecimento, mesmo quando, em um certo momento, o maldizemos ou odiamos. Mas talvez possamos dar um passo além de Cavell e afirmar que, mesmo nos casos de um reconhecimento vivenciado cheio de sentimentos negativos, sempre ficamos com a impressão de não ter reconhecido o outro de maneira adequadamente justa;

---

18 Cavell, Wissen und Anerkennen, op. cit., p.70.

Reificação

tratar-se-ia, nesse momento do reconhecimento, daquilo que costumamos chamar de "consciência moral".

Em todo caso, é possível registrar que a atitude aludida de reconhecimento expõe uma forma totalmente elementar de afirmação intersubjetiva que ainda não inclui a percepção de um valor *determinado* da outra pessoa: o que Cavell descreve como *acknowledgement*, reconhecimento, Heidegger como "cuidado" ou "preocupação", e Dewey como "envolvimento" reside abaixo do limiar no qual o reconhecimento recíproco já implica a afirmação de propriedades específicas de um outro.[19] Ao mesmo tempo, há uma diferença que dificulta incluir simplesmente as análises de Cavell na tradição que caracterizei até o momento: diferentemente de Heidegger, Dewey ou Lukács, ele parece limitar as condições de validade daquilo que admite como uma atitude de reconhecimento apenas ao âmbito da comunicação humana intersubjetiva; toda a ideia que sugeria que também temos de adotar uma atitude de reconhecimento diante do mundo "não humano" lhe parece totalmente estranha. Terei de retomar essa diferença se eu quiser, no próximo passo, voltar ao tema da "reificação", de cujo esclarecimento trata-se acima de tudo nessas reflexões.

---

19 Nesse sentido, trata-se aqui de uma forma ainda mais elementar de reconhecimento do que aquelas que venho estudando em outros lugares (cf. Honneth, Unsichtbarkeit: über die moralische Epistemologie von Anerkennung, in: *Unsichtbarkeit: Stationen einer Theorie der Inersubjektivität*, p.10-27). Entretanto, parto aqui do pressuposto de que esse modo "existencial" de reconhecimento se encontra na base de todas as outras formas específicas de reconhecimento, na medida em que estas afirmam determinadas qualidades ou capacidades das outras pessoas.

IV
Reificação como esquecimento do reconhecimento

No capítulo anterior, procurei juntar uma série de evidências que apontassem, ainda que com diferentes acentuações, para uma e mesma direção. Pois tanto as teorias de uma psicologia do desenvolvimento apresentadas quanto as análises de Cavell apoiam a tese de que, nas relações sociais humanas, há um primado ao mesmo tempo genético e categorial do reconhecimento diante do conhecimento, de um engajamento em face da apreensão neutra de outras pessoas: sem uma tal forma de reconhecimento prévio, as crianças não estariam em condições de assumir as perspectivas de suas outras pessoas de referência, e os adultos não poderiam compreender proferimentos linguísticos de seus parceiros de interação. É verdade que nenhuma dessas teorias auxiliares afirma que sempre deveríamos, desde o início, adotar esse tipo de postura de engajamento também em nossas relações com estados de coisas "não humanos"; nas chamadas psicologias do desenvolvimento, a identificação emocional com o outro concreto vale como pressuposto para a formação de todo o pensamento sem que fosse exigida uma atitude específica diante de objetos não humanos, ao passo que

Cavell, por causa de seus interesses específicos, não se ocupa da questão de nossa relação com a natureza. Gostaria inicialmente de colocar de lado aqui essa dificuldade para retomar o fio de minha argumentação lá onde a deixei antes dos esclarecimentos sobre o primado do reconhecimento. O teor da minha questão inicial era o seguinte: como um conceito de "reificação" pode hoje ser formulado mais uma vez levando em consideração, da maneira mais ampla possível, as intuições originárias de Lukács?

Havíamos mostrado que, a fim de fazer jus a tal conceito, ele não pode meramente descrever um erro categorial epistêmico nem um atentado contra princípios morais; diferentemente do erro categorial, tal conceito se refere a algo não epistêmico, a saber, um hábito ou uma forma de comportamento, e se distingue de uma injustiça moral por não se referir à responsabilização ou culpa individualmente imputáveis. Toda a comparação com Heidegger deixou claro que, sob o termo "reificação", Lukács compreendera um tipo de hábito de pensamento ou de perspectiva solidificada de maneira habitual por meio dos quais os homens, ao endossá-los, perdem sua capacidade de engajamento interessado em relação a pessoas e acontecimentos; e na proporção dessa perda, assim ele estava convencido, os sujeitos se transformavam em meros observadores passivos, para quem não somente seu mundo circundante social e físico, mas também sua própria vida interior deveria aparecer como um conjunto de entidades reificadas. Podemos então afirmar retrospectivamente que o conceito de "reificação" denota para Lukács, portanto, tanto um processo quanto um resultado;[1]

---

1 Cf. Lohmann, *Indifferenz und Gesellschaft: eine kritische Auseinadersetzung mit Marx*, p.17.

Reificação

com isso se descreve o processo de uma perda, a saber, a substituição de uma atitude originária e correta por uma secundária e falsa, *e* o resultado desse processo, ou seja, uma percepção ou comportamento reificados. Vimos, entretanto, que temos uma série de razões para aceitar a existência de uma atitude prévia de reconhecimento ou de engajamento, ao menos no que se refere ao mundo das relações sociais; mas se é possível perder essa forma originária de comportamento, como Lukács pode explicar onde essa forma estaria enraizada tão profundamente no modo de vida dos seres humanos? Na questão assim esboçada reside a maior dificuldade a ser enfrentada hoje pela tentativa de reatualização do conceito de "reificação"; pois, diferentemente de Heidegger, que pode se referir aqui aos efeitos deformadores de imagens de mundo ontológicas, Lukács precisa esclarecer o processo de tal perda mediante as próprias condições sociais, ou seja, mediante uma rede de práticas e instituições sociais em que, por sua vez, aquelas atitudes de reconhecimento deveriam estar presentes. De que maneira é possível, então, explicar a "reificação" como um processo social se aquilo que deve ser perdido possui um significado constitutivo para a socialização humana, por se expressar de algum modo em todos os processos sociais?

Em *História e consciência de classe*, encontramos no final das contas uma única resposta a essa pergunta – resposta que era tão pouco convincente que o próprio Lukács a descartou mais tarde.[2] Logo, temos de imaginar a reificação exatamente como o processo pelo qual a perspectiva originariamente

---

2 Lukács, Vorwort (1967), in: *Geschichte und Klassenbewußsein*, op. cit., p.25 e ss. ("Prefácio" de 1967, p.24 e ss.).

participativa é neutralizada a tal ponto que acaba beneficiando a finalidade do pensamento objetivante; com Dewey é possível dizer que aqui a reificação não seria concebida senão como um distanciamento reflexivo em virtude do qual aquelas experiências qualitativas de interação, em que todo nosso saber se encontra ancorado, perdem-se em função dos fins estabelecidos pelo conhecimento. Se essa interpretação estivesse correta, isto é, se a reificação realmente estivesse atrelada à objetivação de nosso pensamento, então cada ocorrência social que exigisse tal objetivação seria, porém, uma manifestação do processo de reificação; e de fato muitas passagens em *História e consciência de classe* parecem soar como se o autor quisesse dizer que o processo de reificação não consiste senão na neutralização socialmente induzida de nossa postura sempre prévia de engajamento. Que tal hipótese tenha de se mostrar falsa, por ser demasiadamente totalizante, decorre já do fato de que, até o momento, não consideramos o reconhecimento prévio como algo oposto à objetivação de nosso pensamento, mas como sua condição de possibilidade; do mesmo modo que o Heidegger de *Ser e tempo* compreendeu o conhecimento científico do mundo como uma continuação possível e legítima, mas "derivada" do "cuidado",[3] Dewey também estava convencido de que todo o pensamento objetivador se deve à neutralização reflexiva de uma experiência qualitativamente originária. Ambos os pensadores — assim como Stanley Cavell ou a psicologia do desenvolvimento por mim mencionada — compreendem a postura de reconhecimento como uma atitude prática, não epistêmica, que precisamos necessariamente adotar para obter, enfim, um

---

3 Cf. Heidegger, *Sein und Zeit*, op. cit., §33 e 44.

Reificação

saber a respeito do mundo e das outras pessoas. Nessa medida, parece altamente implausível supor com Lukács que tal perspectiva de reconhecimento se encontre em algum tipo de tensão ou mesmo que seja incompatível com o conhecimento enquanto tal; a apreensão objetivadora dos estados de coisas e pessoas é um produto possível do reconhecimento prévio, mas não o seu mais puro contrário.

A equiparação entre reificação e objetivação, que Lukács efetuou com sua estratégia conceitual, conduz, além disso, a uma imagem extremamente questionável dos processos de desenvolvimento social. Basicamente, Lukács teve portanto de considerar como caso de reificação toda inovação social que exigisse uma neutralização de nosso reconhecimento prévio e se tornasse, por conseguinte, algo institucionalmente permanente; e assim ele não pôde evitar, no final, conceber enquanto causa de uma totalização social da reificação tudo aquilo que Max Weber descrevera como o processo de uma racionalização social na modernidade europeia. Mas porque Lukács precisa afirmar simultaneamente que aquela atitude originária de engajamento não pode ser totalmente abandonada devido à sua função social constitutiva, sua imagem da sociedade apresenta aqui seus limites: se todos os processos no interior da sociedade são reificados somente porque nos coagem a comportamentos objetivantes, então, em última instância, a sociabilidade humana tem de se dissolver. Todas essas consequências indesejadas são resultado da estratégia conceitual que Lukács efetuou ao confundir reificação e objetivação; na continuação de minhas reflexões, tais consequências nos ensinam somente que o processo de reificação precisa ser compreendido de maneira diferente daquela empregada por ele em seu texto.

A ideia que Lukács desenvolveu ao tratar do processo de reificação não é, por assim dizer, complexa e abstrata o suficiente; porque, em última instância, ao identificar a reificação com o conhecimento de estados de coisas ou de pessoas, ele repudia implicitamente o significado do aumento de objetividade existente no processo de desenvolvimento social. Uma possibilidade de evitar o erro de Lukács poderia consistir em decidir, com a ajuda de critérios externos, em quais esferas sociais a postura de reconhecimento ou a atitude de objetivação é funcionalmente exigida; essa via funcionalista foi defendida por Habermas quando tentou, em sua *Teoria da ação comunicativa*, compreender sob o termo "reificação" justamente o processo por meio do qual os modos de comportamento estratégico, "observador", penetram nas esferas sociais e colocam em perigo os pressupostos comunicativos que as integram.[4] Porém, a desvantagem de tal estratégia conceitual me parece consistir muito claramente em que, com isso, um ônus normativo é atribuído de maneira implícita às distinções funcionalistas, o qual estas não podem assumir de antemão; pois a questão de saber a partir de que momento as atitudes objetivadoras criam um efeito reificador não pode ser respondida ao falarmos das exigências funcionais de uma forma aparentemente neutra.[5]

Suspeito, por isso, que a pergunta acerca dos critérios necessários para identificar processos de reificação precisa ser

---

4 Habermas, *Theorie des kommunikativen Handels*, Bd. 2, cap.VIII, seções 1 e 2.

5 Esse problema está atrelado à distinção de Habermas entre "sistema" e "mundo da vida", em que os pontos de vista normativo e funcional são imperceptivelmente remetidos um ao outro. Cf. minha análise em Honneth, *Kritik der Macht*, cap.9.

Reificação

formulada de outra maneira: tão logo nos detemos à ideia simplista de que toda forma de observação indiferente se opõe ao reconhecimento prévio, não consideramos que a neutralização daquele reconhecimento e engajamento em caso normal serve ao propósito de uma superação inteligente do problema; em vez de começar então com Lukács identificando o perigo da reificação no momento em que abandonamos a atitude de reconhecimento, precisamos nos orientar antes pelo ponto de vista abrangente em que ambas as atitudes se encontram relacionadas. Nesse nível mais elevado, em que se trata dos modos de relação, formam-se dois polos capazes de substituir a simples oposição com que Lukács tinha operado: às formas de conhecimento sensíveis ao reconhecimento, por um lado, opõem-se aquelas formas de conhecimento nas quais se perdeu o vestígio de sua origem em um reconhecimento prévio. Essas formulações um tanto complicadas devem deixar claro que é sensato distinguir *prima facie* dois modos de relação entre as formas de atitude, se elas são transparentes ou intransparentes, acessíveis ou inacessíveis umas para as outras: no primeiro caso, o conhecimento ou comportamento observador é efetuado tendo consciência de sua dependência a um reconhecimento prévio; no segundo caso, pelo contrário, não se toma mais consciência dessa dependência, voltando-se de maneira autárquica contra todos os pressupostos não epistêmicos. Se elevarmos a intenção de Lukács a um patamar ainda mais alto, podemos chamar essa forma de "esquecimento do reconhecimento" de "reificação"; com isso sublinhamos o processo pelo qual, no nosso saber a respeito dos outros homens e no modo como os conhecemos, não tomamos mais consciência do grau com que ambos os casos são tributários de seu engajamento e reconhecimento prévios.

85

Axel Honneth

Antes de tornar essa afirmação mais plausível, gostaria rapidamente de mostrar que Lukács estaria de acordo com as intenções de alguns dos autores abordados antes. John Dewey, para quem o conceito continental de "reificação" era naturalmente estranho, deixou claro nas citações apresentadas aqui que nosso pensamento reflexivo cairia no perigo de se tornar patológico caso perdesse de vista seu enraizamento nas experiências qualitativas de interação; ao isolar a própria origem dessa experiência qualitativa, aumenta-se a tendência em todos os nossos esforços científicos a esquecer aqueles momentos de afeição existencial pelos quais foram empregados.[6] Não é de maneira muito diferente que Stanley Cavell argumenta ao afirmar que o reconhecimento prévio precisa ser concebido como "uma exibição do objeto do conhecimento";[7] isso significa antes que não saberíamos corretamente com quem estamos lidando ao interagir com os outros seres humanos se não tomássemos consciência daquela experiência originária de engajamento direto. Mas foi sobretudo Theodor W. Adorno quem sempre sublinhou que a adequação e a qualidade de nosso pensamento conceitual dependem da possibilidade de permanecer consciente da ligação originária com um objeto pulsional, isto é, com suas pessoas ou coisas preferidas; para ele, a essa recordação de um reconhecimento prévio estava atrelada a garantia de que o conhecimento não esgota seu objeto, mas o apreende em todos os aspectos de sua singularidade concreta.[8] Nenhum

---

6 Dewey, Qualitatives Denken, op. cit., p.116, e Affirmatives Denken, op. cit., p.117 e ss.

7 Cavell, Wissen und Anerkennen, op. cit., p.64.

8 Cf. Adorno, *Minima Moralia*, p.79; ainda Negative Dialektik, in: *Gesammelte Schriften 6*, p.226. Diferentemente de Martin Seel (no livro

Reificação

desses três autores interpretou o pressuposto não epistêmico do engajamento com base em uma simples oposição ao pensamento conceitual; pelo contrário, todos estão convencidos de que cruzamos os limites que levam à patologia, ao ceticismo ou ao pensamento da identidade se a própria origem de nossos esforços reflexivos, a qual se apresenta no ato do reconhecimento prévio, cair em esquecimento. É esse momento do esquecimento, da amnésia, que eu gostaria de estabelecer como a chave de uma nova definição do conceito de "reificação": na medida em que na efetuação de nosso conhecimento perdemos o vestígio de que este se deve à nossa adoção de uma postura de reconhecimento, desenvolvemos a tendência de perceber os outros seres humanos meramente como objetos insensíveis. Quando falamos aqui de meros objetos ou "coisas", isso deveria significar que, com a amnésia, perdemos a capacidade de compreender as manifestações comportamentais das outras pessoas diretamente como exigências por uma reação de nossa parte; certamente que, em termos cognitivos, não estamos em condições de perceber o espectro total das expressões humanas, mas nos falta, por assim dizer, o sentimento de vínculo que seria exigido para que também fôssemos afetados por aqueles que percebemos. Nessa medida, ao esquecimento do reconhecimento prévio, que procurei compreender como o núcleo de todo o processo de reificação, de fato corresponde, por outro lado, também uma reificação perceptiva do mundo: o mundo

---

Adornos Philosophie der Kontemplation), estou convencido que a ideia de um "conhecimento que reconhece" (ibidem, p.42 e ss.) em Adorno pode ser esclarecido somente no contexto de suas especulações psicanalíticas sobre a "base pulsional" de todo conhecimento.

circundante social aparece, quase da mesma maneira que no mundo percebido pelos autistas, como uma totalidade de objetos meramente observáveis em que faltam todos os impulsos ou sensações físicas.

Com a transposição do conceito de "reificação" de um âmbito simples, em que retira seu significado meramente da oposição ao engajamento ou ao reconhecimento, para um âmbito mais complexo, em que descreve uma determinada relação entre reconhecimento e conhecimento, surge uma série de problemas que não são fáceis de resolver. De início é preciso, ao menos, que se tenha uma vaga ideia de como deve ser possível que o fato do reconhecimento prévio sempre possa cair em esquecimento no processo do conhecimento. Lukács insere a grandeza social do mercado no mesmo ponto de sua argumentação em que descreve a substituição do engajamento pelo comportamento observador; ele está convencido de que são as coerções anônimas do mercado capitalista sobre o comportamento que levam os sujeitos a adotar uma postura não de reconhecimento, mas meramente cognitiva em relação a seu mundo circundante. Porém, se esse conceito simplificado de reificação for substituído por um conceito mais elevado e complexo, não é possível passar para o âmbito de explicação sociológico de uma forma tão direta ou imediata quanto fez Lukács; temos de esclarecer antes de que maneira é possível pensar afinal que o reconhecimento pressuposto na práxis social some de vista na efetuação dessa própria práxis. Geralmente se diz que, bem vistas as coisas, não podemos desaprender determinadas regras que foram aprendidas antes por exercício prático do que por demonstrações explícitas — como então deve ser possível que o reconhecimento prévio tanto em termos genéticos quanto

Reificação

categoriais caia em esquecimento na efetuação de nossas operações cognitivas cotidianas? Estou convencido de que é mais fácil responder a essa pergunta ao se esclarecer que o termo "esquecer" não possui um significado tão forte quanto aquele usado muitas vezes na expressão "desaprender"; não se trata aqui de simplesmente retirar da consciência aquele fato do reconhecimento e dizer que este "desapareceu", mas se trata antes de certa diminuição da atenção que leva tal fato ao pano de fundo da consciência a ponto de o perdermos de vista. Portanto, reificação no sentido de um "esquecimento do reconhecimento" significa deixar de dar atenção ao fato de que, na efetuação do conhecimento, o próprio ato de conhecer é tributário de um reconhecimento prévio.

Ora, existem ao menos dois casos exemplares que, em relação a uma tal forma de diminuição da atenção, são apropriados para distinguirmos os diferentes tipos de ocorrência da reificação. No primeiro caso se trata de uma práxis em que nos preocupamos de maneira tão enérgica e unilateral com certos fins que não damos mais atenção a todos os outros motivos e objetivos que possivelmente estavam na origem de nossa ação; um exemplo fortuito, mas que serve para tal caso, poderia ser o do jogador de tênis que, ao se concentrar de forma ambiciosa somente na vitória, se esquece que seu oponente é na verdade seu melhor amigo, e que foi por causa deste que teria originalmente começado o jogo. A autonomização de um fim ante o seu contexto de surgimento, com o qual estamos nos ocupando no momento, manifesta segundo minha interpretação um dos dois padrões por meio dos quais podemos explicar o processo de reificação: a atenção ao fato do reconhecimento prévio se perderá porque, no decorrer de nossa práxis, o fim estabelecido pela observação e pelo conhecimento do mundo circundante se autonomiza na mesma medida em que todos os outros dados que compõem uma situação são completamente deixados de lado. O outro caso de diminuição de atenção que pode servir para explicar o processo de reificação deve-se não a causas externas, mas a determinações internas de nossa ação: uma série de esquemas de pensamento, que também influenciam nossa práxis, na medida em que levam a uma interpretação seletiva dos fatos sociais, pode reduzir em muito a atenção que damos aos dados significativos de uma situação. Eu gostaria de evitar fazer uso de um exemplo aqui, pois o caso é bem conhecido e não necessita de uma exemplificação trivial: na consumação de nossa práxis podemos não dar mais atenção ao fato do reconhecimento prévio porque nos deixamos influenciar por esquemas de pensamento e preconceitos que são cognitivamente irreconciliáveis com aquele fato – e, nesse sentido, talvez fosse melhor falar aqui não de um "esquecimento", mas de uma "recusa" ou de uma "defesa".

Com a diferenciação entre esses dois casos foi possível apreender os dois padrões segundo os quais o processo de reificação é esclarecido com base em um modelo mais complexo; em suma, ou estamos lidando com uma unilateralização ou enrijecimento da postura de reconhecimento em virtude da autonomização de certo fim, ou com a recusa posterior do reconhecimento devido à aceitação de um preconceito ou estereótipo. Com tal elucidação, vemo-nos em posse, pela primeira vez, dos meios conceituais que nos permitiriam passar ao âmbito de explicação propriamente sociológico; pois dispomos agora de conceitos suficientemente diferenciados sobre as formas que o processo de reificação poderia adotar e

Reificação

assim investigar a realidade social de nosso presente e a possível causa de tal processo; e procuramos deixar claro que se trata de práticas institucionalizadas que contribuem para uma autonomização de fins estabelecidos pela mera observação ou de um esquema de pensamento socialmente efetivo que leva à recusa do reconhecimento precedente. Mas eu gostaria de dar esse passo em direção à análise sociológica somente no último capítulo de minha investigação (cf. nosso Capítulo VI) para, neste momento, ocupar-me com outro problema que até agora deixei nas entrelinhas. Trata-se da questão de saber se, dos argumentos desenvolvidos para fundamentar um primado do reconhecimento, também podemos retirar elementos essenciais que permitam explicar a relação dos seres humanos com o mundo natural e consigo mesmos.

Os três filósofos em que me apoiei nos primeiros dois capítulos estavam convencidos de que também em referência à nossa relação com a natureza poderíamos falar de um primado do engajamento, do cuidado ou do reconhecimento: do mesmo modo que, de início, temos de ser afetados pelos outros homens antes mesmo que possamos adotar uma atitude neutra, também o mundo circundante físico precisa estar aberto inicialmente para nós em seu valor qualitativo antes que possamos nos relacionar com ele de forma puramente objetiva. Ao contrário dessa afirmação abrangente, contudo, as teorias que considerei no terceiro capítulo se limitam apenas a enunciados sobre o mundo intersubjetivo: tanto Tomasello e Hobson quanto Stanley Cavell falam de um primado da identificação ou do reconhecimento somente em referência a outros seres humanos, mas não se referem ao mundo da vida não humano, às plantas ou mesmo coisas. Ora, o conceito de "reificação", que estou tentando reatualizar aqui fazendo referência a Lukács, exige ainda que possamos aplicá-lo à percepção reificada não apenas do mundo social, mas também ao mundo circundante físico; trata-se aqui também das coisas pertencentes à nossa vida cotidiana, com as quais não nos relacionaríamos adequadamente se as apreendêssemos de uma forma meramente neutra e as registrássemos segundo pontos de vista externos. Não é difícil notar que, com essa intuição, eu me confronto com um problema que se deve à base de validade ainda muito estreita da argumentação que desenvolvi até aqui sobre o "reconhecimento"; pois de que maneira deve ser possível justificar a ideia de uma reificação da natureza se até o momento mostramos somente que temos de preservar a prioridade do reconhecimento em nossas relações com os outros seres humanos?

Nesse ponto, tampouco pretendo simplesmente retomar a solução que Lukács tinha diante dos olhos, mas adotar outro caminho inteiramente diferente. Se nos ativermos a Lukács, devemos não apenas mostrar que, diante da natureza, também assumimos de início uma postura de engajamento; como vimos, tal demonstração seria fácil de ser empreendida tanto com Heidegger quanto com Dewey, porque ambos afirmaram, cada um a seu modo, que temos de desvelar o mundo físico em seu significado qualitativo antes de poder nos relacionar com ele em termos teóricos. Lukács teria de mostrar, além disso, que o abandono de tal perspectiva em última instância é incompatível com a finalidade de querer apreender a natureza da forma mais objetiva possível; pois somente se também houvesse aqui um primado categorial do reconhecimento em relação ao conhecimento poderíamos demonstrar, por fim, que o tratamento instrumental da natureza viola um pressuposto

Reificação

necessário de nossas práticas sociais. Não vejo de que maneira, hoje, essa demonstração seria apresentada, e também vejo poucos indícios em Heidegger ou Dewey para apoiar a tese forte segundo a qual uma objetivação da natureza lesaria o primado do cuidado ou da experiência qualitativa. Nesse ponto, o caminho direto adotado por Lukács para fundamentar sua ideia de uma possível reificação da natureza externa está totalmente fechado para nós; certamente podemos considerar uma relação interativa e de reconhecimento diante de animais, plantas ou mesmo coisas como sendo eticamente desejável, porém, dessa preferência normativa, não derivamos nenhum argumento que ajude a justificar a necessidade de tal relação. Ao contrário, parece-me mais promissor continuar seguindo de maneira indireta a intuição de Lukács pela via do próprio primado do reconhecimento intersubjetivo; quanto a isso, posso me apoiar em uma reflexão que já foi rapidamente considerada quando me referi à ideia de uma imitação originária em Adorno.

Adorno também se apropriou da ideia de que somente nos é possível o acesso cognitivo ao mundo objetivo pela identificação com importantes pessoas de referência, ou seja, pela catexia libidinal em relação ao outro concreto; porém, ele tirou desse argumento genético uma conclusão adicional que lança luz à questão que está nos ocupando no momento. Segundo sua interpretação, o pressuposto dessa identificação não significa apenas que a criança aprende a separar as atitudes em relação aos objetos dos próprios objetos e com isso forma de maneira gradativa o conceito de um mundo independente; antes, ela conserva na lembrança a perspectiva da pessoa amada, a quem se sente evidentemente vinculada, considerando-a como um aspecto adicional do objeto fixado. A imitação do outro concreto, que se alimenta de energias libidinais, é transposta de certo modo ao objeto, na medida em que o provê de componentes de significado adicionais que estão além de sua realidade independente, e os quais a pessoa amada percebeu nele; e quanto mais atitudes de outras pessoas um sujeito reúne em um mesmo objeto no curso de sua catexia libidinal, mais rico em aspectos tal objeto lhe parecerá por fim no que diz respeito à sua realidade objetiva. Nessa medida, Adorno estava plenamente convencido de que era possível falar de "reconhecimento" também em referência a objetos não humanos; mas esse tipo de discurso significava para ele somente respeitar em tais objetos todos os aspectos e significados singulares que surgiam quando relacionados às atitudes das outras pessoas. Talvez devêssemos formular a conclusão de Adorno de uma forma ainda mais rigorosa e reproduzi-la no sentido de uma conexão interna entre moral e conhecimento: o reconhecimento da individualidade de outras pessoas nos obriga a perceber os objetos na singularidade de todos aqueles aspectos que tais pessoas lhes atribuíram segundo seu próprio ponto de vista.[9]

Mas essa ênfase normativa nos leva para além do que realmente precisamos para poder reformular, com a ajuda de Adorno, a ideia de uma possível "reificação" que também considere a natureza. Se seguirmos suas reflexões, encontraremos uma possibilidade de justificar as ideias relacionadas sem re-

---

9 Cf. Seel, Anerkennede Erkenntnis: eine normative Theorie des Gebrauchs von Begriffen, in: *Adornos Philosophie der Kontemplation*, p.42-63. Como já notamos (cf. nota 8), minha interpretação difere da interpretação de Seel apenas porque assumo como base para essa teoria do conhecimento normativa as especulações de Adorno sobre uma operação cognitiva dos impulsos libidinais.

Reificação

tomar especulações sobre uma relação interativa com a natureza. A reificação dos seres humanos significa, como já disse anteriormente, perder de vista ou mesmo recusar o fato do reconhecimento prévio; poderíamos acrescentar com Adorno que tal reconhecimento prévio também exige respeitar nos objetos todos os aspectos significativos que os seres humanos lhes emprestaram. Mas, se isso é assim, se temos de reconhecer igualmente as representações e sentimentos subjetivos de objetos não humanos ao reconhecermos outras pessoas, então podemos falar também de uma potencial "reificação" da natureza: no processo do conhecimento dos objetos, passamos a não dar atenção a todos os aspectos significativos adicionais que lhes foram atribuídos na perspectiva dos outros seres humanos. Assim como no caso da reificação de seres humanos, também está em jogo aqui um "modo específico de cegueira"[10] presente no processo do conhecimento: percebemos animais, plantas e coisas de uma forma objetiva sem considerar que estes possuem uma multiplicidade de significados existenciais para as pessoas à nossa volta e para nós mesmos.

---

10 James, Über eine bestimmte Blindheit des Menschen, in: *Essays über Glaube und Ethik*, p.248-70.

V
Contornos da autorreificação

Na minha exposição até agora, tentei reformular com a ajuda de reflexões sobre a teoria do reconhecimento dois aspectos daquilo que Lukács chamou, em seu clássico ensaio, de "reificação". Com isso, ficou claro que podemos falar de "reificação" em um sentido direto apenas em referência a outras pessoas, ao passo que somente em um sentido derivado ou indireto é possível referi-la à natureza externa: em relação aos outros seres humanos, "reificação" significa perder de vista o reconhecimento prévio; em relação ao mundo objetivo, "reificação" significa perder de vista a multiplicidade de significados que tais objetos possuem para aquela pessoa que foi previamente reconhecida. A assimetria no modo de utilização do conceito resulta do fato de que o "reconhecimento" necessário para o conhecimento da natureza não representa o mesmo tipo de pressuposto necessário para o conhecimento dos outros seres humanos: se podemos adotar uma atitude reificante diante do mundo objetivo sem perder a possibilidade de sua abertura cognitiva, não podemos conhecer as outras pessoas na qualidade de "pessoas" se seu reconhecimento precedente cair em esquecimento.[1] A reificação dos dados da natureza, das coisas ou dos seres não humanos não representa uma violação de um pressuposto prático à qual a reprodução de nosso mundo social esteja necessariamente ligada – violação que ocorreria caso adotássemos uma atitude reificante diante das outras pessoas. A fim de não precisarmos abandonar completamente a ideia de uma reificação da natureza, propus expandir as condições de reconhecimento presentes nas interações humanas para a dimensão de nossa relação com o mundo natural: certamente não estamos infringindo pressupostos práticos de nossa relação cognitiva ao adotar uma atitude meramente objetivadora diante da natureza, mas infringimos, sim, em um sentido indireto, as condições não epistêmicas de nossa interação com os outros seres humanos; pois "esquecemos" nosso reconhecimento prévio dessas pessoas também se em nosso comportamento objetivador não damos atenção aos significados existenciais que elas já conferiram a seu mundo circundante natural. Falamos aqui de um "esquecimento do reconhecimento" de um ponto de vista mais abrangente fazendo referência, sobretudo, às reflexões de Adorno expostas em sua *Minima Moralia*; de um modo ainda mais direto e mais convincente, William James apresentou, em seu conhecido ensaio sobre a "cegueira" humana, de que modo poderíamos menosprezar ou mesmo não reparar nos outros seres humanos quando ignoramos toda a carga existencial das coisas que compõem seu mundo circundante.[2]

---

1 Não se trata aqui daquela diferença que se manteve na oposição clássica entre "explicar" e "compreender". Cf. Apel, *Die Erklären: Verstehen-Kontroverse in transzendentalpragmatischer Sicht*.

2 Cf. James, *Über eine bestimmte Blindheit des Menschen*, op. cit., p.248-70; sobre a multiplicidade de significados existenciais ou

Reificação

Contudo, Lukács não falou somente de dois, mas sim de três aspectos que deveriam ser levados em consideração quando observamos um comportamento reificador; ao lado do mundo intersubjetivo dos seres humanos e do mundo objetivo composto de dados naturais, ele também trouxe ao conceito o mundo das vivências internas, dos atos mentais, como um âmbito de fenômenos pertencentes não às atitudes de engajamento, mas à postura meramente contemplativa. No geral, Lukács despendeu pouco esforço para descrever com mais precisão como deveríamos compreender a estrutura de tal autorreificação; mas a sua referência exemplar ao caso dos jornalistas, os quais seriam obrigados a adaptar sua própria "subjetividade", seu "temperamento" e sua "capacidade de expressão" em função dos interesses prévios dos leitores,[3] evidentemente forneceu material suficiente para que o próprio Adorno, cerca de 25 anos depois, fizesse uma longa citação da passagem correspondente ao examinar questões semelhantes.[4] Tampouco Adorno, contudo, apresenta nesse contexto, de modo preciso, como podemos conceber a estrutura dessa relação reificante do indivíduo consigo mesmo; ainda que para nós seja esclarecedor que

---

psíquicos que os objetos podem possuir para os homens, ver a fascinante investigação de Tilmann Habermas, *Geliebte Objekte: Symbole und Instrumente der Identitätsbildung*. A desconsideração dessa multiplicidade de significados do mundo que nos circunda é o que aqui estou descrevendo como "reificação" da natureza, ou do mundo objetivo.

3 Cf. Lukács, Die Verdinglichung und das Bewußtsein des Proletariats, op. cit., p.275.

4 Adorno, *Minima Moralia*, op. cit., § 147 ("Novissimum Organum"), p.444.

o sujeito se dirija às suas próprias "propriedades" psíquicas tal qual ao "seu objeto interior" se isso o leva a "empregá-los da forma correta em uma situação dada",[5] permanece sem resposta a questão de saber de que maneira uma atitude positiva, não reificante, seria descrita em relação à própria subjetividade. Se também quisermos aceitar ainda hoje esse terceiro fator que compõe o conceito de reificação de Lukács, então, dando continuidade à nossa investigação, temos de perguntar se podemos falar de um primado (necessário) do reconhecimento no que diz respeito à autorrelação: é sensato afirmar que os seres humanos, "em princípio e na maior parte das vezes", como diria Heidegger, também assumem uma postura de reconhecimento diante de si mesmos de modo que uma autorrelação meramente cognitiva pudesse ser descrita como um comportamento reificado e, por isso, anômalo?

Estou convencido de que existem abordagens teóricas diferentes que permitiriam oferecer uma resposta positiva a essa pergunta. É nesse sentido que nos apoiamos no exemplo da teoria da relação de objeto de Donald Winnicott, que pôde concluir, a partir de suas investigações sobre o processo de separação da criança, que a saúde psíquica do indivíduo depende de uma relação de exploração lúdica com sua própria vida pulsional;[6] o que é descrito aqui enquanto modo de descoberta presente na autorrelação poderia possuir, no que há de essencial, exatamente as mesmas propriedades que esperaríamos de uma atitude de reconhecimento do sujeito diante

---

5 Ibidem, p.445.

6 Cf. Winnicott, *Vom Spiel zur Kreativität*; sobre isso, ver também Honneth, *Kampf um Anerkennung*, op. cit., p.157 e ss.

Reificação

de suas próprias experiências.[7] Outro caminho para apoiar a tese do primado do reconhecimento na autorrelação poderia consistir na retomada daquelas reflexões muito pouco observadas que Aristóteles dedicou em sua *Ética nicomaqueia* ao conceito de "autofilia";[8] a maneira com que a autorrelação se encontra ligada aos pressupostos de um domínio benévolo das próprias pulsões e afetos pode ser igualmente compreendida quando referida ao tipo de relação em que se encontra aquele que adota uma postura de reconhecimento diante de sua própria "interioridade". E finalmente, a fim de apresentarmos um terceiro exemplo, poderíamos talvez também lançar mão das considerações que Peter Bieri fez há pouco sobre a necessidade de uma "apropriação" de nossa própria vontade:[9] como afirma Bieri, se não podemos realizar uma efetiva liberdade da vontade se nossos desejos e sentimentos forem simplesmente aceitos, e sim apenas quando pudermos articulá-los da forma mais íntima possível, então podemos pressupor em tal processo de apropriação algo que nos exige adotar uma autorrelação baseada no reconhecimento.

No entanto, todas essas abordagens teóricas consideradas plausíveis pressupõem que já sabemos de que maneira o conceito de "reconhecimento" é utilizado de forma adequada no contexto da autorrelação; o lugar tradicional da expressão reside na interação intersubjetiva, de modo que não é claro se podemos

---

7 Cf. Honneth, Dezentrierte Autonomie. Moralphilosophische Konsequenzen aus der Subjektkritik, in: *Das Andere der Gerechtigkeit*, op. cit., p.237-54.

8 Aristóteles, *Nikomachische Ethik*, livro IX, cap.4 e 8.

9 Bieri, *Das Handwerk der Freiheit*, cap.10.

aplicá-la à relação do sujeito consigo mesmo. Além disso, os três modelos apresentados precisam ser compreendidos, sobretudo, no sentido de um ideal normativo ou ético, ao passo que estamos tratando aqui do primado de uma autorrelação concernente ao "reconhecimento" apenas no sentido específico da ontologia social; pois, se a reificação precisar ser estendida até alcançar a relação do sujeito consigo mesmo, então temos de poder pressupor uma forma normal e "originária" de autorrelação diante da qual seja possível compreender a reificação como seu desvio problemático. Por essa razão, parece-me mais adequado não recorrer logo às representações análogas em termos conceituais, mas primeiro analisar o próprio estado de coisas enquanto tal: o modo com que habitualmente nos relacionamos com nossos desejos, sentimentos e vontades pode ser descrito de forma mais convincente e oportuna com o conceito de "reconhecimento".

Uma entrada apropriada na fundamentação dessa tese pode consistir na tentativa de esclarecer, de início, ao menos uma vez, como seria a concepção oposta. De acordo com uma ideia largamente difundida, a autorrelação dos sujeitos precisa ser pensada segundo o mesmo padrão com que nos relacionamos com o mundo objetivo: da mesma maneira com que aparentemente damos atenção às coisas no mundo, conhecendo-as com um propósito neutro, também devemos nos deparar com nossos desejos e sentimentos assumindo tal postura cognitiva; o sujeito se volta para si mesmo a fim de registrar em seu interior uma ocorrência mental determinada. Não foi sem razão que David Finkelstein, em um estudo publicado há pouco tempo, descreveu esse modelo de autorrelação como algo "detetivesco": o sujeito é considerado aqui um detetive que possui um

Reificação

saber privilegiado sobre seus próprios desejos e sentimentos e porque os procura ou "descobre" em seu próprio mundo interior; por conseguinte, as intenções correspondentes existem sempre antes dessa rememoração subjetiva, e é necessário somente fazer uma descoberta para trazê-las novamente à consciência.[10] Ora, quando resumimos no início as reflexões de Lukács, Heidegger e Dewey, já vimos que seria pouco convincente admitir o primado dessa relação cognitiva em referência ao mundo objetivo; e basta apenas um pequeno passo para formularmos a questão de saber se essa ideia seria mais plausível caso fosse transposta à dimensão da autorrelação.

A primeira dificuldade com que se defronta a concepção cognitivista dessa autorrelação decorre da necessidade de se preservar os paralelos com o conhecimento dos objetos "exteriores", em que ao sujeito se atribui um órgão interno de conhecimento: por mais que o ato do conhecimento voltado à própria "interioridade" seja determinado com mais precisão, sempre temos de pressupor nisso um tipo particular de capacidade sensível que permitiria a percepção de nossos estados mentais do mesmo modo que nossos órgãos dos sentidos possibilitam a percepção dos objetos. Contra essa ideia de um "olho interior" já foram levantadas há muito tempo tantas objeções convincentes que, em seu lugar, só precisamos nos referir aqui ao "argumento do regresso" formulado por John Searle: se devemos tomar consciência de nossos estados mentais em virtude de um ato perceptivo dirigido à "interioridade", então esse ato precisa formar novamente um estado mental que, para ser explicado, necessitaria de um ato perceptivo de or-

---

10 Finkelstein, *Expression and the Inner*, cap. I.

Axel Honneth

dem superior que só encontraria seu término num processo de regresso infinito.[11] Mas não é somente a necessidade conceitual de se pressupor um órgão perceptivo que torna extremamente duvidosa a equiparação da autorrelação com um processo de conhecimento. Outra dificuldade ainda maior decorre do fato de que a imagem sugerida para representar nossas vivências é, em termos fenomenológicos, bastante implausível e equivocada: porque nossos desejos e sentimentos são concebidos na qualidade de objetos que devem ser conhecidos, precisam dispor das mesmas características distintas e cerradas que os dados do mundo objetivo devem possuir; sejam sentimentos ou intenções, eles sempre devem existir segundo contornos claramente definidos, como se fossem ocorrências mentais presentes antes que nós mesmos possamos descobri-las. Essa interpretação não pode dar conta do fato de que tais estados mentais em geral possuem antes um conteúdo difuso e altamente indeterminado que não se deixa constatar facilmente; pelo contrário, a fixação de desejos e sentimentos parece necessitar de uma atividade adicional para estar em condições de emprestar aos estados mentais fugidios e difusos um contorno mais claro. Desse modo, parece problemático, ou mesmo equivocado, pensar a autorrelação de acordo com o padrão do conhecimento, em que se trata simplesmente de descobrir estados de coisas existentes.

Podemos sem muito esforço levantar outras objeções contra esse modelo cognitivista, as quais em seu conjunto se referem a uma representação mais apropriada dos dados que compõem nossos estados mentais; nossos desejos e sentimentos, por

---

11 Searle, *Die Wiederentdeckung des Geistes*, p.195.

Reificação

exemplo, não dispõem de forma clara de um índice temporal e espacial, de modo que raramente poderiam ser concebidos enquanto objetos que existem no espaço e no tempo.[12] Mas para formular um conceito plausível de autorreificação pessoal já bastam as duas objeções formuladas antes: assim como não podemos entender o acesso dos homens ao mundo das coisas como um mero ato de conhecimento, também a relação do sujeito consigo mesmo não pode ser compreendida enquanto apreensão cognitiva dos estados mentais. Provavelmente já desde Nietzsche passou-se a considerar outro modelo que se opusesse a tal abordagem "detetivesca", o qual partia dos componentes ativos de nossa autorrelação; mas também tal concepção "construtivista" nos levaria a um lugar bem diferente daquele que pretendemos chegar quando falamos de um primado das relações de reconhecimento do sujeito consigo mesmo.

O construtivismo ou "constitucionalismo", para usar outra vez uma expressão de David Finkelstein,[13] procura utilizar corretamente os elementos específicos presentes em nossa autorrelação, em cuja explicação o modelo cognitivista da abordagem "detetivesca" havia naufragado: certamente falamos com conhecimento de causa e autoridade sobre nossos estados mentais, embora não conheçamos seu conteúdo de uma forma tão segura quanto acontece com os objetos perceptíveis. A partir dessa assimetria, o constitucionalismo conclui que, para que cada estado mental possa vir à tona, nós mesmos temos

---

12 Uma verdadeira fonte para objeções contra o modelo cognitivista da autorrelação se encontra no novo romance de Pascal Mercier (Peter Bieri), *Nachtzug nach Lissabon.*

13 Finkelstein, *Expression and the Inner*, op. cit., cap.2.

de participar ativamente desse processo de autoconhecimento: no momento em que articulamos determinadas intenções diante de nossos parceiros de interação, decidimos igualmente deixá-las existir em nós. Superamos aqui a incerteza sobre nossos próprios sentimentos a partir da virtude de uma operação construtiva: nós nos relacionamos com nossos estados mentais na medida em que lhes atribuímos, por intermédio de uma decisão súbita, o conteúdo que logo em seguida exprimimos. Diante do modelo do conhecimento, essa interpretação tem a vantagem de não pressupor uma faculdade de percepção interior nem precisar equiparar os estados mentais com objetos; em vez disso, nossos desejos e sentimentos são designados como produtos de uma decisão da vontade livre, de modo que o sujeito afetado parece ser, em grande medida, responsável por eles.

Esta última consideração já permite notar, contudo, que o construtivismo acaba caindo nos mesmos graves problemas atribuídos à abordagem "detetivesca". Se a ideia de acordo com a qual nossa autorrelação representa um ato de percepção voltada à "interioridade" malogra diante do caráter inobjetivo de nossos estados mentais, então a concepção construtivista fracassa diante de uma natureza obstrutiva e recalcitrante; nenhum sentimento interno possui uma plasticidade tal que pudéssemos simplesmente, por um ato de nomeação, revesti-lo de uma desejada qualidade existencial. Expresso em termos fenomenológicos, na maior parte das vezes vamos antes ao encontro de nossos estados mentais como experiências, sentimentos, desejos e intenções que se produzem passivamente em nós antes de estarmos habilitados a incluí-los em uma ativida-

Reificação

de interpretativa;[14] e é essa natureza restritiva de nossos sentimentos que o construtivismo parece negar ao dotar o sujeito com uma capacidade ilimitada de autoatribuição. A ideia de que estamos familiarizados com nossos estados mentais porque fomos nós que os produzimos malogra diante de seu caráter limitado; certamente possuímos um determinado espaço de coformação interpretativa em face de nossos sentimentos, mas tal espaço tem limites bem estreitos quando considerada a incerteza passiva à qual estão atrelados nossos estados mentais.

Ora, essa referência a algo passivo em nossa autorrelação não deveria induzir, porém, a nos dirigirmos novamente ao modelo do conhecimento para, com isso, pensar em nossos sentimentos internos como objetos independentes. Podemos sempre manter da perspectiva construtivista a ideia de que os estados mentais não são independentes da consciência que temos deles ou de certa articulação discursiva que deles fazemos: uma dor só existe quando o sujeito afetado a nota, um desejo é sentido apenas quando encontrei uma maneira de expressá-lo minimamente. O erro do construtivismo começa precisamente ao exigir um mecanismo de produção decorrente dessa relação de determinação, como se somente a consciência da dor fosse capaz de engendrá-la, como se todos os nossos desejos surgissem de um ato de formulação linguística. Já o fato de que há *algo* ao qual atribuímos sentido ou dirigimos nossa atenção nos leva a reconhecer quão absurda é a conclusão a que chega o construtivismo, apesar de seu ponto de partida estar correto:

---

14 Cf. Schmitz, Gefühle als Atmosphären und das affektive Betroffensein von ihnen, in: Fink-Eitel; Lohmann (orgs.), *Zur Philosophie der Gefühle*, p.33-56.

pois, sem o impulso do sentimento passivo, não tentaríamos aguçar nossa atenção ou mesmo procurar formular tais sentimentos com palavras adequadas. Isso tudo não significa ter de supor, enquanto fonte daquele impulso sensível, um objeto que estivesse livre de toda gênese conceitual e que repentinamente, na qualidade de vestígio da primeira natureza, causasse um efeito sobre nós; pelo contrário, normalmente já estamos de certo modo familiarizados com nossos desejos e sentimentos porque, no processo de nossa socialização, aprendemos a percebê-los como parte inerente de um mundo da vida linguisticamente compartilhado. É natural que sempre nos surpreendamos também com aqueles estados mentais que nos parecem plenamente estranhos e opacos, pois não encontramos neles tal gênese da socialização linguística; mas também nesses casos, que incluem um estranhamento factual ou um processo prévio de dessimbolização,[15] podemos adotar uma posição diante de tais sentimentos que nos permite desenvolver e articular sua dimensão de alteridade com o horizonte daquilo que já é familiar. Se pensarmos a autorrelação segundo esse padrão, então a via mediana que se encontra entre a abordagem "detetivesca" e o construtivismo consistiria em um modelo que poderíamos chamar de "expressionismo": nós não percebemos nossos estados mentais simplesmente na qualidade de objetos nem os constituímos por meio de testemunhos, mas os articulamos de acordo com o que, no fundo, já nos é mais familiar.[16] Um sujeito que se relaciona consigo mesmo dessa forma originária precisa considerar seus próprios sentimentos e desejos como

---

15 Cf. Lorenzer, *Sprachzerstörung und Rekonstruktion*.

16 Também a ideia de uma "via mediana" eu retirei de Finkelstein, *Expression and the Inner*, op. cit., p.58 e ss.

Reificação

algo que merece ser articulado; nesse sentido, seria correto falar aqui também da necessidade de um reconhecimento prévio.

Essa forma de reconhecimento não considera o parceiro de interação, o qual sempre tem de ser aceito na sua qualidade de pessoa, antes que seja possível algum tipo de comunicação. Pelo contrário, trata-se nesse caso de um reconhecimento que o próprio sujeito de saída precisa valorizar para poder fazer um contato expressivo com seus estados mentais; se os próprios desejos e sentimentos não fossem levados em consideração nessa articulação, então o sujeito não poderia ter acesso à sua própria interioridade, a qual deve ser conservada na autorrelação. Ultimamente, esse tipo de reconhecimento de si mesmo foi descrito muitas vezes em paralelo com o conceito heideggeriano de "cuidado-de-si";[17] com esse conceito, procura-se descrever o sujeito que também adota aquela atitude de preocupação engajada que Heidegger descreveu como característico de nossa relação com as coisas e com outros seres humanos. Se não podemos mais projetar no "cuidado-de-si" intenções éticas quando consideramos necessário dar importância e valor aos nossos próprios desejos e sentimentos, então tal conceito é idêntico ao próprio conceito de reconhecimento que estou procurando descrever: um sujeito que deve estar em condições de realizar uma autorrelação expressiva tem de poder afirmar de antemão que suas próprias vivências psíquicas são dignas de valor e que é importante desenvolvê-las e articulá-las.[18] Essa

---

17 Cf. Foucault, *Die Sorge um sich: Sexualität und Wahrheit 3*.

18 Em que medida essa capacidade de autoafirmação depende, por sua vez, do reconhecimento do outro, foi uma questão investigada recentemente mais uma vez por Tugendhat, em *Egozentrizität und Mystik: eine anthropologische Studie*, cap.2.

determinação do reconhecimento de si mesmo corresponde ao que Harry Frankfurt descreveu em seu mais recente livro como "amor de si";[19] da mesma maneira que ele, também pressuponho que nos identificamos e afirmamos nossos desejos e intenções de tal forma que aumentam os esforços para descobrir nossos propósitos mais fundamentais, mais próprios, ou mesmo de "segunda ordem". Chamo de "expressiva" a atitude que adotamos em tal processo de descoberta e reconhecimento que empreendemos sobre nós mesmos – e em contraposição a Harry Frankfurt, estou convencido de que esse tipo de reconhecimento é o mesmo que Freud pressupôs em sua doutrina psicanalítica como uma postura plenamente evidente, não mais passível de ser questionada, do homem consigo mesmo.

Para que possamos fazer uma ponte entre tais conclusões e nosso próprio tema, a saber, a ideia de uma possível autorreificação em Lukács, é necessária somente uma simples reinterpretação de ambos os modelos de autorrelação anteriormente tratados. Até aqui pressupus em minha argumentação que a abordagem "detetivesca" e o construtivismo têm dois déficits explicativos para determinar a relação das pessoas consigo mesmas: nem a ideia de que podemos simplesmente conhecer nossos sentimentos nem a de que podemos constituí-las apenas com base em nossa própria autodescrição seriam suficientes para formular uma imagem mais adequada da autorrelação. Mas nada nos impede de adotarmos ambos os modelos como prova de uma possível anomalia da autorrelação humana; de tal ponto de vista, que poderíamos talvez chamar de "crítica da ideologia", consideramos a abordagem "detetivesca" e o cons-

---

19 Frankfurt, *Gründe der Liebe*, cap.3.

Reificação

trutivismo como descrições adequadas não do modo originário, mas sim do modo deficitário pelo qual o sujeito se relaciona com sua própria interioridade. Não é difícil tornar plausível a mudança de perspectiva delineada no caso da abordagem "detetivesca", que descreve a autorrelação segundo o padrão do processo de conhecimento: só precisamos imaginar uma pessoa que considera seus próprios desejos como algo sempre fixo que ela consegue descobrir e observar para obtermos assim uma impressão viva do tipo social que a abordagem "detetivesca" delineia de um modo adequado, ainda que involuntariamente. Não se trata de outra coisa no construtivismo, cujo modelo descritivo pode ser igualmente explicado enquanto esboço de um tipo social determinado; nesse caso, é suficiente a referência às pessoas que vivem na ilusão de que os sentimentos e desejos que lhes são atribuídos por um terceiro em função de considerações utilitárias poderiam realmente ser os seus próprios. Ambos os exemplos servem para ilustrar que podemos imaginar formas de relação do sujeito consigo mesmo que se assemelham àquelas apresentadas pela abordagem "detetivesca" e pelo construtivismo: no primeiro caso, o sujeito se relaciona com seus estados mentais como algo rígida e fixamente dado, enquanto, no segundo, tais estados mentais são considerados algo a ser produzido, cujo caráter ele pode dispor conforme a situação existente. Não é por acaso que as formulações foram escolhidas de modo que fosse fácil referi-las aos fenômenos da autorreificação: as formas de autorrelação afirmadas pelos dois modelos correspondem ao processo de reificação do próprio *self*, porque em ambos os casos os estados mentais vividos interiormente são apreendidos segundo o padrão do objeto materialmente dado; a diferença entre os dois tipos consiste

Axel Honneth

somente no fato de que, em um caso, os sentimentos são vividos na qualidade de objetos fixos já presentes na interioridade e que precisam ser descobertos, ao passo que, no outro, tais sentimentos são considerados algo a ser primeiro produzido de forma instrumental.

Do que dissemos até o momento, parece sensato falar com Lukács sobre a possibilidade de uma autorreificação pessoal se com isso entendemos as formas de experiência dos próprios sentimentos e desejos segundo o padrão de entidades reificadas. A literatura atual está repleta de descrições de pessoas que se fecham em um círculo de auto-observação ou despendem toda sua energia na fabricação de motivos e necessidades estrategicamente apropriados;[20] segue-se também um declínio gradual da cultura psicanalítica que outorgou aos indivíduos a tarefa de se relacionarem consigo mesmos de modo que pudessem descobrir de forma tateante suas próprias intenções, e não somente observá-las e manipulá-las.[21] Considerando as reflexões feitas até aqui, poderíamos explicar a causa dessas tendências de autorreificação se a descrevêssemos com o conceito de "esquecimento do reconhecimento": na autorrelação, os modos correspondentes à observação e à produção podem ocorrer apenas se os "sujeitos" começam a esquecer que vale a pena articular e se apropriar de seus próprios desejos e sentimentos. Nessa medida, a reificação da própria pessoa, tal qual a reificação da outra pessoa, se apresenta como resultado de uma diminuição da atenção para o fato de um reconhecimento

---

20 Para o primeiro caso, cf. Hermann, *Sommerhaus, später: Erzählungen*; para o segundo caso, cf. Röggla, *Wir schlafen nicht*.

21 Cf. Lear, The Schrink Is in, *Psyque*, v.50, n.7, p.599-618.

prévio: portanto, da mesma maneira que no caso anteriormente estudado esquecemos que já teríamos de ter reconhecido o outro, também aqui perdemos de vista o fato de que sempre reconhecemos previamente a nós mesmos, pois somente assim poderíamos ter acesso à nossa própria interioridade. Com o propósito de saber o que significa, afinal, ter desejos, sentimentos e intenções, precisamos previamente vivenciá-los como uma parte de nossa própria vida digna de valor e que vale a pena tornar compreensível para nós mesmos e para nossos parceiros de interação; e tanto quanto no reconhecimento das outras pessoas, também um tal reconhecimento de si mesmo possui primado genético.

Nessa estrutura elementar da autorrelação baseada no reconhecimento, é possível ainda determinar sem dificuldade dois aspectos que também correspondem àquilo que procurei apresentar no começo do capítulo fazendo referência a outras teorias. Se Winnicott fala de um processo de descoberta lúdico e criativo das próprias necessidades, Aristóteles da "autofilia" e Bieri da apropriação dos próprios desejos, então se trata aqui de facetas adicionais daquele tipo de reconhecimento pelo qual os sujeitos se veem diante de si mesmos na medida em que têm de conceber seus estados internos enquanto uma parte de seu próprio "si", que é suscetível e merecedora de articulação. Se essa autoafirmação precedente cair em esquecimento, se for ignorada ou rejeitada, então surge espaço para formas de autorrelação que podem ser descritas como "reificações" de si mesmo; pois os próprios desejos e sentimentos são experimentados, nesse caso, na qualidade de objetos reificados que podem ser passivamente observados ou ativamente produzidos.

VI
Fontes sociais da reificação

Na minha tentativa de reduzir o fenômeno social da reificação em suas diferentes manifestações (intersubjetiva, objetiva e subjetiva) ao fato do esquecimento do reconhecimento, deixei de lado até agora o elemento central da análise de Georg Lukács. Todas as suas observações para saber se o padrão dominante de um tipo contemplativo de comportamento afeta o mundo do trabalho, a relação com a natureza ou a interação social convergem para a tese de que a universalização do valor de troca capitalista é a única causa para todos esses fenômenos de reificação: Lukács está convencido de que, logo que os sujeitos se veem forçados a realizar suas interações sociais primariamente na forma da troca de mercadorias própria da economia, eles têm de perceber seus parceiros de interação, os bens a serem trocados e a si mesmos como se fossem entidades materiais e, por conseguinte, se relacionar com o mundo apenas como um observador. É difícil levantar contra essa tese compacta somente uma única objeção central, porque contém muitos elementos que são problemáticos; a indicação feita até aqui, de acordo com a qual "reificamos" os outros seres humanos apenas se perdermos de vista o reconhecimento prévio de sua qualidade de pessoa, permite notar que a equiparação de valor de troca e reificação é pouco convincente, pois normalmente, na esfera econômica da troca, o parceiro de interação se apresenta ao menos como uma pessoa de direito. Por outro lado, Lukács traçou os contornos de uma tarefa que permanecerá sendo um desafio essencial para toda análise dos processos de reificação: a tendência a adotar atitudes reificantes não nos remete apenas aos processos de desenvolvimento espirituais ou culturais, mas precisam ser identificadas naquelas práticas ou estruturas sociais que tal tendência promove ou origina. Por fim, eu gostaria de refletir sobre essa "etiologia social" (M. Nussbaum) da reificação a partir de três pontos de vista; para tanto, posso me apoiar em algumas hipóteses que antes foram importantes para minhas reflexões quando se tratava de analisar as causas possíveis para o "esquecimento do reconhecimento" de outras pessoas:

(1) Lukács descreve os efeitos da sociedade capitalista de mercado como se estes levassem automaticamente a uma universalização das atitudes reificantes nas três dimensões, a ponto de restar por fim apenas sujeitos que reificam tanto a si mesmos quanto seu mundo circundante natural e todos os outros seres humanos. Uma série de erros conceituais e descritivos são responsáveis por esse traço totalizante de sua análise, dos quais pretendo me ocupar somente daqueles considerados particularmente instrutivos para o desenvolvimento de nosso tema. De pontos de vista conceituais, é possível afirmar de início que Lukács possui uma inclinação extremamente problemática ao igualar os processos de despersonalização das

Reificação

relações sociais com os processos de reificação. Como se sabe, foi Georg Simmel que investigou, em sua *Philosophie des Geldes* [*Filosofia do dinheiro*], em que medida o aumento das interações mediadas pelo mercado significava ao mesmo tempo uma indiferenciação crescente por parte dos parceiros de interação;[1] ele pretendeu mostrar que as qualidades insubstituíveis do outro perdiam seu significado comunicativo logo que o sujeito se apresentasse para outro ator apenas na qualidade de parceiro de uma ação de troca mediada pelo dinheiro. Lukács equipara tacitamente esse processo de "objetivação" analisado por Simmel com o processo de reificação social sem levar em consideração de forma adequada uma diferença central; pois, em uma relação "despersonalizada" pela circulação do dinheiro, o outro tem de continuar sendo portador de qualidades pessoais, como o próprio Simmel nota,[2] para que possa ser considerado um parceiro de troca responsável, ao passo que a reificação dos outros seres humanos significaria a negação de sua própria qualidade de ser humano. Se a despersonalização das relações sociais pressupõe assim o reconhecimento elementar do outro que se tornou anônimo como pessoa humana, então a reificação contém uma recusa ou "esquecimento" desse fato precedente. Nesse sentido, o processo de reificação não pode ser equiparado com o processo universal de "objetivação" das relações sociais que Georg Simmel descreveu como o preço a ser pago pelo aumento das liberdades negativas em razão da multiplicidade das relações econômicas de troca.

---

1 Simmel, Philosophie des Geldes, in: *Gesamtausgabe*, Bd. 6, principalmente cap.IV.
2 Cf. ibidem, p.397.

Tão problemática quanto a equiparação entre despersonalização e reificação no sistema categorial de Lukács é a tendência a ver um tipo de unidade necessária entre as diferentes dimensões de reificação. Quanto mais Lukács também se empenha em uma diferenciação conceitual dos três aspectos, ou seja, entre a reificação das outras pessoas, dos objetos e do próprio sujeito, mais evidentemente ele parece supor que cada uma dessas formas projeta a partir de si mesma as outras duas; essa combinação recíproca não é para ele uma questão empírica, mas sim resultado de uma necessidade conceitual. Diferentemente, procuramos mostrar, ao menos de maneira indireta em nossa análise, que não há um vínculo necessário entre os diferentes aspectos da reificação; tal vínculo poderia existir somente na perspectiva da reificação do mundo objetivo caso tivesse de ser concebido como mera derivação do esquecimento do reconhecimento (cf. p.92 e ss.), embora essa forma de reificação e de autorreificação não tivesse implicações necessárias. Trata-se de uma questão interessante — mas que de modo algum precisava ser previamente respondida — saber se, e em que medida, a reificação dos seres humanos projeta a partir de si mesma uma forma determinada de autorreificação, ou se, e em que medida, o inverso seria possível, ou seja, se a autorreificação significa sempre reificação das outras pessoas; em todo caso, são necessárias outras análises antes que nos seja permitido afirmar tais relações de implicação.

Um terceiro problema da etiologia social que Lukács provê em sua análise da reificação não concerne às suas pré-decisões conceituais, mas às descritivas e temáticas. Seguindo Marx, em última instância a tese da base/superestrutura, Lukács supõe que a esfera econômica possui uma força tão grande de deter-

Reificação

minação cultural que ele não se esforçou em diferenciar os fenômenos econômicos que trariam consequências diretas para o resto da sociedade; por essa razão, admitiu, como é evidente, a contaminação de todas as esferas da vida pelos fenômenos de reificação que, de uma forma mais originária e apropriada, convinham apenas para o âmbito da troca no mercado capitalista. A afirmação de uma "capitalização" de toda a sociedade serve de explicação oficial para essa tendência totalizante; mas Lukács também não mostrou em seu ensaio de que maneira a família ou a esfera pública política, a relação entre pais e filhos ou a cultura do lazer seriam efeitos de uma "colonização" gerada pelos princípios do mercado capitalista. Por isso, na sua ideia de uma totalização das reificações economicamente fundamentadas, que, por seu turno, já é problemática porque se apoia na equiparação com processos de despersonalização, há algo de arbitrário.

O privilégio concedido à esfera econômica nos remete enfim a um quarto problema, de natureza antes temática, que salta aos olhos na explicação sociológica da reificação oferecida por Lukács. Ao ler seu ensaio hoje com um intervalo de oitenta anos, constata-se com espanto, e até estranhamento, que Lukács faça menção a tais fenômenos sempre estreitamente vinculados aos processos de troca; tudo o que nesse intervalo de tempo valeu mais fortemente como testemunha dos comportamentos reificantes, a saber, formas bestiais de desumanização presentes no racismo ou no tráfico de seres humanos,[3] não foi abordado por ele nem mesmo uma única vez. Não é por

---

3 Cf. a instigante análise de Margalit, *Politik der Würde: über Achtung und Verachtung*, parte 2, seção 6.

acaso que Lukács ignora toda uma classe de fenômenos de reificação, como se tal desconsideração fosse apenas decorrência de uma falta de atenção ou como se ele ainda não pudesse ter percebido esse tipo de ocorrência; isso aconteceu na verdade devido a uma cegueira sistemática atrelada ao preconceito de que somente as coerções econômicas podem levar, em última instância, à negação dos traços humanos das pessoas. Lukács não quis de modo algum atentar para a influência de convicções ideológicas que consideravam todo um grupo de pessoas enquanto meras coisas e, por isso, desumanas. Sua atenção estava voltada de modo tão unilateral aos efeitos da circulação capitalista de mercadorias sobre o comportamento humano que não pôde reconhecer outra fonte social de reificação.

São ao menos esses quatro problemas que parecem nos levar hoje, de maneira aconselhável, a nos afastar do quadro sociológico de explicação da análise da reificação de Lukács. Certamente ele quis, com grande razão, atentar de início a tais efeitos crescentes da reificação que se seguiam da ampliação institucional da circulação capitalista de mercadorias; certamente ele percebeu, nesse contexto sobretudo, que temos de "esquecer" diante dos outros homens nosso engajamento e reconhecimento prévios se os consideramos e os tratamos somente na qualidade de mercadorias; mas tanto conceitual quanto tematicamente, seu artigo ressalta a identidade entre circulação de mercadorias e reificação de modo forte demais para que ele pudesse oferecer um fundamento teórico voltado a uma análise igualmente abrangente e diferenciada da reificação.

(2) Já elenquei em passagens anteriores os primeiros passos necessários para fundamentarmos de outro modo uma etiolo-

Reificação

gia social da reificação: se o núcleo de toda reificação reside em um "esquecimento do reconhecimento", então podemos buscar suas causas sociais nas práticas ou nos mecanismos que possibilitam e perpetuam sistematicamente tal esquecimento. Contudo, surge aqui outro problema que ainda não pôde ser abordado de forma adequada: o fato de a reificação dos outros homens a e autorreificação não se referirem obrigatoriamente uma à outra tem como consequência que ambas podem ser decorrentes de causas absolutamente diferentes. Mesmo sendo duas formas de esquecimento do reconhecimento, suas características são tão distintas que provavelmente também na sua origem social, ou seja, no modo com que surgem socialmente, diferenciam-se de maneira radical. Tratarei separadamente ambos os tipos de reificação ao passar a caracterizar com mais detalhes agora as possíveis causas de seu surgimento social.

Diante de outras pessoas (ou grupos de pessoas), os seres humanos podem adotar uma postura reificadora; como já dissemos (cf. Capítulo IV), somente se perde de vista o reconhecimento prévio em razão de alguma das duas causas seguintes: ao participarem de uma práxis social em que a mera observação do outro se tornou um fim em si mesma, apagando todos os traços conscientes de uma socialização prévia, ou ao orientarem suas ações por um sistema de convicções que os obriga à negação posterior do reconhecimento originário. Ambos os casos se caracterizam por certo esquecimento daqueles domínios previamente intuitivos, mas apenas no primeiro caso se trata do exercício de uma práxis determinada, enquanto, no segundo, das consequências da aceitação de uma visão de mundo ou ideologia específicas. Nessa medida, é possível dizer também em relação ao segundo caso que a reificação é o derivado mera-

Axel Honneth

mente habitual de um sistema de convicções reificantes: a força de negação é gerada a partir dos conteúdos de uma ideologia específica e não passa mais a ser produzida pela ação de uma práxis determinada.

Ora, Lukács só observou este último caso – o surgimento de uma postura reificadora em virtude da ação de uma práxis unilateral – porque descreveu a troca de mercadorias capitalista como causa social de todas as formas de reificação. Mas, mesmo assim, ele certamente não desconsiderou apenas as diferenças já aludidas entre despersonalização e reificação, mas ignorou também o fato de que, na troca econômica, o *status* jurídico dos participantes os protege reciprocamente contra uma postura meramente reificadora; pois ainda que o outro também possa sempre ser considerado de tal maneira apenas do ponto de vista da maximização das utilidades individuais, seu *status* jurídico no contrato de troca lhe garante uma consideração, mesmo que mínima, mas ainda assim de caráter obrigatório, de suas qualidades pessoais.[4] Essa função protetora do direito, na qual, em última instância, podemos ver uma tradução insuficiente, ainda que bem mais concreta, do fato do reconhecimento prévio,[5] não pôde ser adequadamente percebida por

---

4 A partir desse argumento, podemos entender a defesa do contrato matrimonial empreendida por Kant do seguinte modo: ele o concebeu como um meio contra o perigo de uma reificação recíproca das relações sexuais. Em relação à força e à fraqueza dessa construção, cf. Herman, Ob es sich lohnen könnte, über Kants Auffasungen von Sexualität und Ehe nachzudenken?, *Deutsche Zeitschrift für Philosophie*, v.43, n.6, p.967-88.

5 Cf. Feinberg, The Natur and Value of Rights, in: *Rights, Justice, and the Bounds of Liberty: Essays in Social Philosophy*, p.143 e ss.; Honneth, *Kampf um Anerkennung*, op. cit., p.173-195.

Reificação

Lukács porque a própria instituição do direito moderno era para ele um produto das tendências de reificação do sistema econômico capitalista. No entanto, esse contexto jurídico abordado chama nossa atenção em sentido contrário para o fato de a possibilidade de uma postura meramente reificante sempre aumentar na proporção em que a práxis puramente "observadora" passa a não contar mais com garantias mínimas de reconhecimento estabelecidas pelo direito: por toda parte onde se autonomizam práticas de pura observação, registro e cálculo dos seres humanos diante do contexto de seu mundo da vida, e sem que estejam ancoradas em relações jurídicas, ignora-se o reconhecimento prévio que aqui foi descrito como núcleo de toda reificação intersubjetiva. O espectro dos desenvolvimentos sociais, em que se refletem tais tendências de uma reificação dos homens, abarca desde o desgaste crescente da substância jurídica do contrato trabalhista[6] até os primeiros sinais de uma prática que consiste em medir e manipular geneticamente os talentos das crianças:[7] nos dois casos, corre-se o risco de suprimir o anteparo institucional que até agora impediu uma negação da experiência primária de reconhecimento.

Mais difícil do que parece à primeira vista é a determinação da relação entre práxis social e reificação intersubjetiva no segundo caso, ou seja, lá onde os sistemas de convicção são delineados com tipificações reificadoras evidentes de outros grupos. Eu havia dito antes precisamente que, sob tais

---

6 Cf. o excelente Castel, *Die Metamorphosen der sozialen Frage: eine Chronik der Lohnarbeit.*
7 Cf. Kuhlmann, Menschen im Begabungstest, op. cit., p.143-53.

Axel Honneth

circunstâncias, é preciso apenas a aceitação de tais ideologias para que o sujeito negue o reconhecimento prévio; devemos imaginar esse processo social de tal modo que, sob os efeitos dessa tipificação reificante (de mulheres, judeus etc.), neguemos posteriormente as qualidades das pessoas que pertencem aos grupos correspondentes, as quais, em razão do primado do reconhecimento, evidentemente antes lhes foram concedidas – e uma série de tentativas de esclarecimento sociológico do racismo ou da representação pornográfica das mulheres segue esse padrão. Mas com esse procedimento ainda continua completamente sem explicação por que um mero construto mental ou sistema descritivo deve possuir força suficiente para abalar um fato previamente considerado familiar e, ainda assim, permanecer socialmente fragmentado; em todo caso, como mostrou Jean-Paul Sarte em seu ensaio *A questão judaica*, é difícil imaginar que os seres humanos são capazes de negar as qualidades pessoais dos membros de outros grupos sociais por motivos meramente intelectuais.[8] Provavelmente seja mais sensato considerar nessa explicação os elementos da práxis e partir de uma combinação entre uma práxis unilateral e um sistema ideológico de convicções: a práxis social, que consiste na mera observação distanciada e na apreensão instrumental das outras pessoas, perpetua-se na medida em que, por meio de tipificações reificadoras, encontram um suporte cognitivo,

---

8 Cf. Sartre, Überlegungen zur Judenfrage, in: *Überlegungen zur Judenfrage*, p.9-91; outra crítica convincente à explicação "intelectualista" da objetivação das mulheres é oferecida por MacKinnon, *Feminism Unmodified*.

Reificação

assim como, em caso contrário, aquelas descrições tipificantes contêm elementos motivacionais uma vez que oferecem um espaço de interpretação adequado para uma práxis unilateral. Desse modo se cria um sistema comportamental que permite tratar os membros de determinados grupos de pessoas como "coisas" porque seu reconhecimento prévio foi posteriormente negado.

(3) Já de acordo com sua estrutura, o esquecimento do reconhecimento de outras pessoas se distingue a tal ponto daquele esquecimento que se caracteriza pela negação da articulação do próprio *self* que seria muito implausível admitir para ambas as formas de reificação uma única causa social. Certamente poderíamos supor tanto para a reificação intersubjetiva quanto para a autorreificação que apenas em caso excepcional elas fossem diretamente intencionadas pelo sujeito, já que seriam antes de tudo produzidas anonimamente pela participação em determinadas práticas; mas isso não significa, como pressupôs Lukács, que em ambos os casos sejam as mesmas práticas que reforçam a tendência em direção aos comportamentos reificadores. De que maneira poderiam ser caracterizadas aquelas práticas sociais que possuem a característica de produzir uma postura de autorreificação? Não é simples encontrar uma resposta a essa pergunta, mas, como conclusão, pretendo indicar ao menos a direção na qual uma resposta seria encontrada.

Eu havia tentado mostrar que também a autorrelação individual pressupõe um tipo específico de reconhecimento prévio porque exige que compreendamos nossos próprios desejos e intenções enquanto parte de nosso *self* carente de articulação;

na via contrária, uma tendência à autorreificação, segundo minha interpretação, surge sempre que começamos a esquecer (novamente) essa autoafirmação previamente em curso por concebermos nossos sentimentos psíquicos como objetos a serem meramente observados ou produzidos. Parece evidente que temos de buscar as causas para tais comportamentos autorreificantes nas práticas sociais que, em sentido amplo, estão ligadas ao modo de autoapresentação dos sujeitos; certamente é preciso constatar que em toda ação social se exige também alguma referência aos próprios desejos e intenções, mas é possível produzir campos institucionalizados de práticas que se caracterizam funcionalmente por essa apresentação de si – entrevistas de emprego, determinadas prestações de serviço ou encontros organizados são os exemplos que aqui nos saltam aos olhos. O caráter das instituições que exigem dos próprios indivíduos uma apresentação pública pode variar em grande medida; o espectro correspondente pode abranger desde instituições que deixam espaço para autoexploração experimental até arranjos institucionais que restringem os concernidos à simulação de determinados propósitos. Ora, suponho que a tendência à autorreificação individual aumenta quanto mais fortemente os sujeitos são incluídos nas instituições que coagem à autoapresentação, as quais, em última instância, possuiriam a seguinte característica: todos os arranjos institucionais que coagem de forma latente os indivíduos a meramente dissimular ou fixar conclusivamente determinados sentimentos estimulam a disposição para a formação de comportamentos autorreificadores.

A título de exemplos para essas práticas institucionalizadas, que hoje em dia se desenvolvem nessa direção, podemos

Reificação

apontar tanto as entrevistas de emprego quanto a procura por parceiros na internet. Enquanto em tempos anteriores as entrevistas de emprego tinham a função de, com base em documentos escritos ou certificados exigidos, avaliar a qualificação do candidato para uma atividade específica, agora tais práticas assumem com frequência uma característica totalmente diferente, segundo informação da sociologia do trabalho: elas se assemelham cada vez mais a uma conversa de negócios, porque exigem que o candidato encene da forma mais convincente e eficaz possível o seu engajamento futuro no trabalho em vez de relatar suas qualificações anteriormente adquiridas.[9] Essa transferência de atenção do passado ao futuro obriga os concernidos a adotarem uma perspectiva com a qual eles aprendem a conceber suas próprias atitudes e sentimentos em relação ao trabalho na qualidade de "objetos" a serem produzidos no futuro; e quanto mais o sujeito está exposto às exigências de tal encenação, mais desenvolverá a tendência de experimentar seus próprios desejos e intenções segundo o padrão de coisas manipuláveis a bel-prazer. Na outra direção da autorreificação, em que os próprios sentimentos são observados e registrados de uma forma meramente passiva, apontam aquelas práticas que surgiram atualmente com a utilização da internet como um meio de busca por parceiros: aqui, o modo padronizado de estabelecer contato obriga os respectivos usuários primeiramente a registrar suas características em categorias previs-

---

9 Agradeço as indicações sobre tais desenvolvimentos a Stephan Voswinkel, que conduziu no Instituto de Pesquisa Social (Frankfurt/M) um projeto sobre a mudança estrutural da entrevista de emprego, financiado pelo DFG.

tas e ranqueadas, e, após a confirmação de que suas qualidades podem se sobrepor àquelas de outros parceiros escolhidos virtualmente, recebem por *e-mail* uma mensagem informando-os de seus sentimentos recíprocos um pelo outro. Não é preciso muita fantasia para imaginar que tipo de autorrelação é requerida para que os próprios desejos e sentimentos não sejam mais articulados à luz de encontros pessoais, mas tenham simplesmente de ser apreendidos e, por assim dizer, mercantilizados conforme o emprego acelerado de informação.[10]

Esses exemplos, contudo, não podem ser confundidos com afirmações prognósticas; eles servem aqui, no fim, a uma ilustração do caminho que as práticas sociais podem promover para a formação de comportamentos reificantes. De modo algum se trata de declarações empíricas que estivessem meramente a serviço do esclarecimento do aumento factual de tais processos de reificação; essas reflexões pretendem iluminar não os desenvolvimentos factuais, mas a lógica de suas possíveis transformações. No entanto talvez possamos tirar uma consequência do *status* particular dessas reflexões finais, que diz respeito ao propósito geral de meu empreendimento. A crítica social se limitou essencialmente nas últimas três décadas a medir se as ordenações normativas da sociedade poderiam satisfazer determinados princípios de justiça; a despeito do sucesso com que se fundamentaram tais princípios, e apesar de toda a diferenciação entre as perspectivas que lhes serviram de base, a crítica perdeu de vista o fato de que as sociedades

---

10 Cf. Jagger, Marketing the Self, Buying an Other: Dating in a Post Modern Consumer Society, *Sociology. Journal of the British Sociological Association*, v.32, n.4, p.795-814.

Reificação

podem naufragar normativamente em um outro sentido que não aquele de uma violação de princípios de justiça válidos. Para tais anomalias, que podem ser mais bem descritas com o conceito de "patologias sociais",[11] falta à crítica da sociedade, entretanto, não apenas uma atenção teórica, mas também critérios que resultem mais ou menos plausíveis. Não podemos justificar essa limitação com base no fato de que as sociedades democráticas avaliam sua própria ordenação política e social primariamente com referência a padrões de justiça; pois também a deliberação na esfera pública democrática esbarra sempre em temas e desafios que a colocam diante da questão de saber se determinados desenvolvimentos sociais ainda podem ser considerados válidos mesmo quando se encontram além de todas as considerações sobre a justiça. Ao responder a tais questões, frequentemente chamadas de questões "éticas", uma crítica social com inspiração filosófica naturalmente não pode pretender para si nenhuma majestade exegética sacrossanta; mas, apoiada em uma ontologia social, ela pode contribuir de fora para a compreensão da lógica das possíveis transformações ao prover com bons argumentos os discursos na esfera pública e, com isso, estimulá-los. Minha tentativa de reformular o conceito de reificação de Lukács nos termos de uma teoria do reconhecimento se deve a esse tipo de empreendimento; ela não foi escrita sem a preocupação de que nossas sociedades poderiam estar se desenvolvendo em direção àquilo que Lukács, embora com meios insuficientes e com uma excessiva generalização, previu há oitenta anos.

---

11 Honneth, Pathologien des Sozialen, op. cit., p.11-69.

Comentários e réplica

Nota da edição original

Butler, Judith. Den Blick des Anderen einnehmen: Ambivalente Implikationen. Trad. Frank Lachmann. Publicado originalmente em: Taking Another's View: Ambivalent Implications. In: Honneth, Axel. *Reification. A New Look at an Old Idea*. New York: Oxford University Press, 2008, p.97-119.

Geuss, Raymond. Philosophische Anthropologie und Sozialkritik. Publicado originalmente em: Philosophical Anthropology and Social Criticism. In: Honneth, Axel. *Reification. A New Look at an Old Idea*. New York: Oxford University Press, 2008, p.120-130.

Lear, Jonathan. Die changierende Mitte. Publicado originalmente em: The Slippery Middle. In: Honneth, Axel. *Reification. A New Look at an Old Idea*. New York: Oxford University Press, 2008, p.131-143.

Cópias desses textos são cortesia da Oxford Universiry Press, EUA. © 2008 por The Regents da University of California. As traduções para o alemão foram feitas por Frank Lachmann.

A "Réplica" de Axel Honneth também apareceu primeiro (com tradução de Joseph Ganahl) em *Reification. A New Look at an Old Idea*. New York: Oxford University Press, 2008, p.147-159. O texto foi ligeiramente modificado para esta edição.

Verdinglichung. Eine anerkennungstheoretische Studie foi publicado pela primeira vez em 2005 pela Suhrkamp Verlag.

Adotando o ponto de vista do outro: implicações ambivalentes

Judith Butler

É uma honra responder às reflexões profundas de Axel Honneth sobre o problema da reificação. Eu dificilmente farei justiça à complexidade da teoria apresentada em seus escritos sobre esse tópico nesse contexto, pois o que ele nos apresentou é sem dúvida o mais amplo e profundo ajuste de contas com Lukács visto nos últimos anos sobre o tema da reificação. Na verdade, o próprio Honneth inicia seu projeto levantando a questão do atraso de Lukács, e seus esforços para voltar ao conceito de reificação envolvem tanto uma apropriação crítica da perspectiva de Lukács quanto uma reflexão substancialmente independente. O esforço de Honneth em repensar o que a reificação ainda poderia significar para nós se baseia, evidentemente, na reconstrução do trabalho do próprio Lukács, mas também remete a um engajamento produtivo com as preocupações mais contemporâneas na filosofia, na psicologia e na crítica social. O que surpreende muito de início é o vínculo entre o problema da reificação e o conceito de reconhecimento. Provavelmente é

Axel Honneth

justo dizer que Honneth chamou atenção de maneira singular ao problema do reconhecimento, não apenas em Hegel, mas na teoria social contemporânea e na antropologia filosófica. Parece-me que agora ele está fazendo o mesmo pela reificação ao propor que a reificação seja entendida enquanto um conjunto de práticas que negam ou perdem de vista o primado do reconhecimento como uma práxis social.

Sua exposição reformula o conceito de reificação e procura colocar a reificação em relação à prática mais primária do reconhecimento, que, por seu turno, assume formas específicas em relação aos outros, à natureza e, finalmente, a si mesmo (*oneself*). Um dos primeiros modos com que Honneth distingue sua perspectiva daquela do conceito marxiano de reificação proposto por Lukács consiste em questionar o modelo do fetichismo da mercadoria que imperou sobre o conceito de reificação em *História e consciência de classe*, de Lukács. Honneth nota que a reificação abarca não somente o fato de um sujeito tratar os seres humanos como objetos, em que os objetos são entendidos a partir do modelo da mercadoria, mas de os próprios sujeitos considerarem a si mesmos de maneira reificadora. Ele sublinha que, para Lukács, "no 'comportamento' dos sujeitos também ocorrem, sob a coerção da troca de mercadorias, transformações que se referem à relação total com a realidade circundante" (p.35). Por conseguinte, Lukács abre caminho para uma interpretação da reificação como um *hábito* de observação indiferente, em que mesmo o campo de percepção de um sujeito é tratado como um campo de objetos em relação ao qual ele permanece estranhamente distanciado e age de maneira instrumental. Ante essa reificação da relação do sujeito com seu próprio campo de percepção, pode Lukács

Reificação

demonstrar que uma práxis verdadeira ou genuína existe e persiste apesar dos efeitos da reificação?

Honneth argumenta que não é possível encontrar uma resposta adequada no texto de Lukács, uma vez que, para este, o modo predominante de considerar a reificação é mediante o retorno ao sujeito que deveria descobrir a si mesmo como o "produtor" deste mundo para, assim, não sofrer a alienação de suas próprias ações nas formas objetivadas. Contudo, Honneth acha que, em Lukács, essa interpretação centrada no sujeito se encontra em tensão com o que Honneth várias vezes chama de interpretação baseada na "teoria da ação" ou "interacionista". Esta última perspectiva é a que Honneth procura tanto enfatizar quanto desenvolver em seu ensaio. A contribuição distintiva de Honneth à posição interacionista consiste em propor que consideremos o reconhecimento como um modo primário, se não primordial, de apreensão dos outros, que forma a base das atitudes e práticas subsequentes, incluindo a própria reificação.[1] A condição da reificação, em que tanto atitudes e práticas quanto outras pessoas e mundo circundantes são tratados como objetos instrumentalizados, é derivada – e constitui um distorção – da atitude e da prática do reconhecimento. A reificação consiste no "esquecimento" ou na deflexão do próprio reconhecimento. Além disso, é impossível suplantar

---

1 Cf. especialmente a Parte II, Morality and Recognition, em Honneth, *Disrespect: the Normative Foundations of Critical Theory*. Deveria estar claro que Honneth toma distância da interpretação hegeliana, que faz do conflito algo essencial para a luta por reconhecimento. Para Honneth, modos de cuidado pelo outro são implícitos em todas as relações sociais e constituem as condições "primordiais" para a interação social.

Axel Honneth

totalmente o reconhecimento com a objetivação (entendida como o pleno sucesso de práticas reificadoras), uma vez que a reificação sempre é garantida pelo reconhecimento.

Com a finalidade de sustentar essa elaboração, Honneth recruta Cavell, Dewey e Heidegger para formular o que poderia significar o reconhecimento como uma forma de práxis. Nas leituras desses autores, salta à vista o fato de a reificação não ser considerada nem erro categorial nem uma falha moral. "Pois se com o conceito de reificação não estamos nos referindo nem meramente a um erro categorial epistêmico nem a uma conduta moral imprópria, então resta por fim simplesmente considerá--lo uma forma de práxis deficiente em seu todo" (p.38). Não é claro por que essa seria a *única* possibilidade restante, embora seja bastante claro que seja essa a possibilidade alternativa que Honneth procura perseguir. Se, na sua visão, a reificação fosse um erro categorial, seríamos obrigados a encontrar um novo vocabulário, mas isso poderia não alterar nossas atitudes e práticas. E se fosse uma falha moral, isso se refletiria em nosso caráter ou nos modos deficientes de argumentação moral. Nenhum desses modelos nos permitiria ver que o reconhecimento é a condição de possibilidade das trocas humanas, da comunicação e da afirmação da existência dos outros. Embora Honneth distinga a interpretação normativa do reconhecimento daquela baseada na moralidade, parece que o reconhecimento, independentemente de seus *status* fundamental em toda e qualquer das ontologias sociais, constitui um valor moral. Quando ele se refere a uma "práxis genuinamente humana", então é claro que essa práxis "genuína" produz consequências eticamente desejáveis: reconhecimento, reciprocidade, cuidado e a afirmação da existência do outro. E suponho que Honneth não estaria

Reificação

preocupado com a reificação se não estivesse apreensivo, antes de tudo, com os modos pelos quais o eu, o outro e o mundo circundante podem todos ser tratados como objetos instrumentalizáveis, em vez de sujeitos e portadores do reconhecimento, e se não estivesse interessado em estabelecer as condições de possibilidade para estes últimos.

O erro que Lukács aparentemente cometeu foi oferecer como alternativa à reificação uma versão da ação humana que privilegia as capacidades generativas ou produtivas do sujeito humano, relegando os objetos do campo de percepção a produtos e efeitos da vontade humana. Essa visão altamente antropocêntrica é problemática na medida em que compreende a ação como algo unilateralmente empreendido por um sujeito, confundindo o problema da reificação com uma versão do problema da alienação, a saber, a alienação dos objetos em relação a seus produtores. De acordo com essa visão limitada, o mundo existiria idealmente como reflexo da minha vontade. Portanto, o outro representaria uma violação à minha vontade e tornaria os objetos estranhos para mim. Se tivéssemos de entender a reificação nesses termos, ela caracterizaria, *grosso modo*, a independência em relação tanto aos objetos quanto aos outros. De maneira similar, essa visão implica consequências problemáticas para se pensar sobre a relação humana com a natureza, já que antropomorfizaria a natureza de um modo inaceitável e confundiria o próprio ideal normativo de uma práxis genuína, que implica um envolvimento, uma forma de cuidado e um tipo de afetividade que estabelece uma relação pré-epistêmica entre sujeito e objeto. A relação com a natureza é uma pré-condição da relação com os outros, de modo que ambas devem ser com-

Axel Honneth

preendidas primordialmente como dimensões que compõem o reconhecimento, na visão de Honneth.

Honneth caracteriza o reconhecimento de vários modos, mas o que parece ser o mais central em sua concepção é a noção de que as atitudes cognitivas são fundadas primordialmente em relações afetivas: envolvimento, preocupação, inter-relação e formas de cuidado. Em contraposição a relações de envolvimento e cuidado, as atitudes reificantes são aquelas que negam ou se desviam desse modo primário de engajamento e sustentam modos indiferentes e distanciados de observação e instrumentalização.

Honneth disputa a interpretação da ação humana no texto de Lukács, a qual é antropomorfizada e centrada no sujeito, mas também oferece uma distinção entre reificação e objetivação que tem fortes implicações para a sua interpretação. Na visão de Honneth (e, em último caso, na de Lukács), a reificação não pode objetivar plenamente nossas relações com os outros, com a natureza e, inclusive, com nós mesmos. Para que aconteça uma objetivação plena, o reconhecimento precisa ser totalmente eviscerado. Mas se a reificação deriva do reconhecimento (mesmo quando definida como um "distanciamento" do reconhecimento), segue-se daí que a reificação sempre pressupõe e reinstitui o reconhecimento, apesar de seus objetivos manifestos. Alguns traços do reconhecimento permanecem ao longo de todos os possíveis atos de reificação, e esse traço persistente estabelece a prioridade duradoura do reconhecimento, segundo Honneth, diante da reificação. Quando consideramos então aqueles hábitos de observação neutra que se formam com o tempo, que compõem alguns ou muitos de nossos hábitos de conhecimento e de interação nas nossas vidas cotidianas, eles

Reificação

nunca são plenamente exitosos em erradicar o engajamento originalmente envolvido e "cuidadoso" com o mundo.

Ao examinarmos mais de perto em que consiste esse engajamento e cuidado, vemos que muitas formulações são dignas de ser consideradas com mais detalhe. Não é o bastante simplesmente agir de maneira participativa e não observadora, já que existem todos os tipos de modos de engajamento e de participação que não satisfariam o ideal de uma práxis genuína que Honneth está elaborando aqui para nós. De fato, o que define o ideal de uma práxis genuína é uma norma de reciprocidade, que ele acredita estar articulada desde seu nascimento na relação entre o provedor de cuidado e a criança, uma relação que ele designa explicitamente enquanto estrutura definidora do "laço social". Como fica claro a partir de sua formulação, o laço social é singular, e presumo que haveria esse mesmo tipo de laço social em toda sociedade particular. Essa tese distingue a visão de Honneth como uma espécie da antropologia filosófica em comparação a uma sociologia. Embora o uso do termo "reconhecimento" remeta claramente a Hegel, Honneth esclarece em outra parte que ele fundamenta sua visão apenas parcialmente em Hegel, e mais centralmente em Fichte. Afinal, Hegel é responsável pela posição centrada no sujeito à qual Honneth se opõe, e ainda que a "reciprocidade" do reconhecimento se mostre importante nessa perspectiva, a dinâmica de subjugação e medo da morte, que se encontra na discussão hegeliana do reconhecimento na *Fenomenologia do espírito*, não é localizada em lugar algum da interpretação honnethiana. Como resultado, o reconhecimento recíproco nascido do conflito e da dominação não é o tipo de reconhecimento que Honneth está disposto a defender.

Axel Honneth

O objetivo de Honneth consiste em delinear a estrutura de uma "práxis genuína", um engajamento com os outros e com o mundo circundante, que implica também alterações nas disposições e atitudes dos sujeitos. Mas se uma práxis genuína é aquilo que estamos buscando, então nem todo tipo de cuidado e engajamento proporcionará isso. É preciso um tipo de participação e envolvimento que afirme os vínculos emocionais primordiais mediante os quais entramos no domínio do social, um tipo já existente no "laço social", que seja singular e penetrante; além disso, é preciso que seja um tipo de participação e de envolvimento que sustente a reciprocidade tanto em sua estrutura implícita quanto articuladora. Mas o que significa reciprocidade nesse caso se não pudermos assumir que se trata do "reconhecimento recíproco" no sentido de Hegel?

Honneth procura elaborar essa concepção ao declarar que "os seres humanos participam normalmente da vida social *na medida em que se colocam na perspectiva de sua respectiva contraparte, cujos desejos, atitudes e pensamentos eles aprendem a reconhecer enquanto razão de sua própria ação"* (os grifos são meus). Participar significa, portanto, adotar a posição do outro. Provavelmente seja digno de nota que, às vezes, ele escreva "adotar" [*einnehmen*] a posição do outro no sentido de uma certa "apropriação" [*Aneignung*], e às vezes ele opte por "assumir" [*Übernhemen*], mas em cada um dos casos ele está especificando o que significa cuidado, participação e engajamento [*Anteilnahme*]. Na verdade, se falhamos ao adotar a posição do outro, então se presume que o outro permanece reificado para nós, ou, melhor dizendo, mantemos antes um conjunto de relações reificantes perante o outro. Conhecemos apenas nossos objetivos e o outro é um instrumento para a satisfação desses objetivos.

Reificação

De acordo com esse esquema, parece que estamos diante de duas escolhas: ou meramente observacional (logo, reificadora), que falha ao adotar a posição do outro, ou participativa, significando, entre outras coisas, que adotamos a posição do outro. Muitas das questões que pretendo levar para tal abordagem se seguem deste último conjunto de alegações. Por exemplo: podemos falhar ao adotar a posição do outro, mas ainda assim nos engajar em uma relação participativa com essa pessoa? Talvez possamos, e ainda será possível chamar essas formas de engajamento de participativas, mesmo que não atinjam o nível de uma práxis genuína. E se expressarmos um impulso sádico ou que inspire ódio em relação ao outro? Eu poderia supor que tais atitudes e relações não são distanciadas e indiferentes, mas interessadas e engajadas. Pareceria que esses tipos de disposições e expressões emocionais agressivas ou negativas não são apenas observacionais nem plenamente envolvidas e engajadas tal como pressupostas pelos princípios de reciprocidade e cuidado. Onde elas se encaixam? Se não correspondem a tais modos de disposição, o que nos dizem sobre a estrutura que somos convidados a aceitar nesse ponto? Uma coisa é dizer que adotar a posição do outro define o verdadeiro significado da participação, sendo que, nesse caso, participar significa precisamente assumir essa posição e nada mais. Mas outra coisa é dizer que a "apropriação do ponto de vista" do outro é uma forma de participação melhor do que outras formas possíveis. Porém, tal visão nos compeliria a aceitar que existem modos de envolvimento e cuidado que perdem de vista o outro, ainda que continuem sendo entendidos na qualidade de modos de engajamento. Posso "cuidar" de outra pessoa a ponto de ela perder toda sua independência, e posso me tornar muito engajado em um argumento ou altercação com alguém de que desgosto intensamente. Seria incorreto dizer que, apesar de meu comportamento controlado, no primeiro caso, e minha agressão explícita, no segundo caso, eu continuo de alguma maneira afirmando a existência do outro e, assim, mantenho-me implicitamente engajado em um modo de reconhecimento. No entanto, Honneth menciona isso para explicar, por exemplo, como um modo de reconhecimento se mantém mesmo em meio a discursos de ódio e comportamentos agressivos. Mas se Honneth pretende defender esse argumento, ele não pode declarar que o envolvimento afetivo é um sinal de reconhecimento e a indiferença, um sinal de atitudes observacionais e reificadoras.

Na verdade, se considerarmos as espécies de fúria que buscam erradicar o outro, ou seja, aquelas que causam danos físicos e provocam a morte do outro, estaríamos então diante de um tipo altamente afetivo de engajamento que, de modo algum, busca afirmar a existência do outro; antes, procura erradicar a existência do outro. Se aceitarmos a asserção segundo a qual ser afetivamente engajado é afirmar a existência do outro, continuaremos sem meios para realmente explicar a agressão humana. E isso significa que nossas interpretações da infância humana, mesmo nas relações primárias que são imaginadas como singulares, excluirão posições como a de Melanie Klein e mesmo a de Freud.

Evidentemente, é sempre possível afirmar que relações agressivas e que inspiram ódio são uma consequência do modo observacional, pois não importa o envolvimento afetivo, já que, no final das contas, o outro sempre será instrumentalizado e isso é um sinal da reificação. Se isso for verdade, então a reificação não pode ser corretamente descrita como sendo obser-

Reificação

vacional em contraposição ao reconhecimento, que é afetivo. O modo observacional implica que os outros sejam objetos, e assim, nesse sentido, nós os tratamos como se fossem objetos, e a violência é uma expressão, talvez expressão última, desse tipo de tratamento reificador. Mas e se a violência for considerada uma forma de envolvimento? Dizer que afirmamos a existência de um outro na medida em que nós o maltratamos, e que nosso engajamento afetivo testemunha essa afirmação, é decerto uma maneira de descartar a possibilidade de agressão extrema que seja igualmente primordial, social e humana, tais como os modos do reconhecimento e do cuidado. Além disso, estar envolvido não seria uma coisa boa em si mesma nem portaria alto teor normativo, mas seria algo neutro com respeito a pretensões normativas. Na verdade, retornaríamos àquela compreensão da vida cotidiana em que nossos envolvimentos são umas vezes afetuosos e outras negligentes. A atenção é necessária para assegurar que o outro seja afirmado e a vigilância é requerida para garantir que não estamos instrumentalizando os outros de uma maneira cruel. Se um valor normativo deve ser derivado do envolvimento, não é porque o envolvimento pressupõe a estrutura normativa de uma práxis genuína, mas porque somos seres que precisam lutar tanto com amor quanto com agressão em nossos esforços imperfeitos e louváveis para agir de maneira cuidadosa em relação aos outros seres humanos. Portanto, na minha perspectiva, modos de envolvimento carregam significados morais diferentes; eles não são delimitados por alguma estrutura, relação ou vínculo predeterminados, muito menos se estes forem normativos, e essa é a razão de por que estamos sob a responsabilidade de negociar entre tais envolvimentos da melhor maneira que pudermos. Não se trata de retornar ao que "realmente" sabemos ou corrigir nossos desvios da norma, mas lutar com um conjunto de demandas éticas com base em uma miríade de respostas afetivas que, previamente à sua expressão na ação, não possuem uma valência moral particular. Evidentemente, a crítica de Honneth às relações instrumentais dá continuidade a uma preocupação crítica diante da instrumentalidade, incluindo uma crítica da razão instrumental que foi uma das contribuições marcantes da Escola da Frankfurt. É verdade que muitas abordagens da psicologia social, que foram formuladas no período posterior aos campos de concentração nazistas, debateram esse problema, questionando se a obliteração da sensibilidade moral entre os nazistas era resultado da hegemonia da razão instrumental. Seres humanos foram literalmente transformados em sabonetes e abajures, dando a impressão de que a reificação é ainda mais horrenda ao tornar real a transformação de seres humanos em objetos. Podemos certamente notar também que nos experimentos científicos com crianças, o modo doente e deficiente, isto é, um certo conjunto de "atitudes observacionais", claramente tomou o lugar das atitudes afetuosas. Não sei se isso forma o pano de fundo histórico principal para que Honneth continue refletindo a respeito da instrumentalidade. Podemos dizer que os médicos e torturadores nazistas agiram com indiferença e distanciamento e que, nesse sentido, encontravam-se sob a forma extrema da reificação? Logo a reificação é um caminho adequado para compreender a violência humana nessas formas extremas?

O problema, claro, é que a razão instrumental e os modos de reificação podem se tornar eles próprios formas de paixão, modos de afeição, terrenos de investimento e excitação emocionais. Eles não são apenas indiferentes, secos e científicos. E

Reificação

mesmo se fossem, pode e deve haver um investimento erótico e emocional que sustente a indiferença e a aridez, inclusive o que podemos chamar de uma excitação com o ser frio. Penso que devemos considerar esse tipo de modelo se pretendermos considerar o tipo de sadismo em questão aqui. E penso também se não devemos atribuir ao laço social originário um tipo de "bondade" que, na minha visão, certamente coexiste com a capacidade de destruição, e, junto a isso, produz uma estrutura ambivalente da psiquê com base na qual ações e atitudes éticas individuais ou grupais são formadas.

Eu gostaria de supor que Honneth concorda comigo ao menos neste ponto: que não podemos presumir que apenas se formos passionais e emocionalmente engajados então faremos a coisa certa. Na minha visão, não existe uma trajetória moral inata em direção ao engajamento, à participação e à emotividade, já que somos seres que, desde o início, tanto amamos quanto resistimos à nossa dependência, e cuja realidade psíquica é ambivalente por definição. Suponho que essa é a parte da psicanálise que Jonathan Lear formula de uma maneira diferente em seu volume, uma parte que Honneth não poderá acomodar em sua teoria atual. A dimensão da psicologia e da psicanálise à qual Honneth procura recorrer é a da teoria da vinculação. Mas ele lê essa teoria apenas de maneira seletiva. Na medida em que a vinculação é uma precondição ao desenvolvimento – uma tese com a qual concordo plenamente –, então a diferenciação é uma tarefa que nos engaja por toda a vida e que configura a estrutura permanente de um certo dilema ético: como posso permanecer vinculado e também ser um *self* delimitado ou separado? E como vivo essa delimitação que, ao mesmo tempo, me abre e me fecha em relação aos outros? De fato, não penso que possamos dizer, como argumenta Honneth, que a vinculação *precede* a diferenciação, pois se vincular a algo já significa ultrapassar a divisão entre coisa, pessoa e eu mesma. É isso que, afinal, distingue a vinculação da fusão, em que não se pode encontrar uma fronteira entre o *self* e o outro. Por esse motivo, a diferenciação é tanto uma condição da vinculação – talvez chegando às vezes a constituir seu curso natural – quanto sua consequência. E se considerarmos a definição de reciprocidade que Honneth oferece, segue-se também que a "adoção" da perspectiva de outra pessoa significa precisamente cruzar de um lado para o outro, afirmando assim que há um espaço no meio. Se não houvesse distância, não haveria "adoção" da perspectiva do outro: já seríamos inundados, por assim dizer, por aquela perspectiva. E a tarefa seria bem diferente: encontrar um meio de diferenciação, de modo que o outro pudesse ser reconhecível como algo separado de mim. Na verdade, algumas interpretações da identificação nacionalista sugeriram que os soldados do exército nazista compreenderam a si mesmos como parte de uma personalidade única, que a identificação com o *Führer* destruíra com sucesso as relações diferenciadas, produzindo uma certa obediência passional em nome de um líder em cuja personalidade o "Eu" já havia sido incorporado.

Pode ser que a indiferença, a observação e a instrumentalidade apareçam como males sociais que nos afastaram da práxis genuína. Mas se for possível ser indiferente de um modo passional – como quando alguém rompe uma relação e resolve ir cuidar da sua vida sem ofender a pessoa em questão – e se for possível "querer ser usado" (ou seja, ser um instrumento para o prazer de um outro, e desfrutar dessa instrumentalização com esse propósito), então parece que não podemos separar rigorosamente uma ação instrumental de outra engajada.

Reificação

Se nos voltarmos para os cenários da relação entre pais e filho reconstruídos por Honneth com a finalidade de discernir o laço social primário, um número considerável de novos problemas emerge. Primeiro, por que tal relação seria dual e a figura parental correspondente, singular? Digo isso não porque considero a tríade mais importante, mas porque surge o problema do mimetismo e da carência com implicações significativas para pensar sobre desejo, identificação, ciúmes e "lugar". Antes, a díade pais-filho inscreve um arranjo socialmente contingente da parentalidade que é idealizado, se não reificado, como um laço social singular e primário. Como os antropólogos e sociólogos nos mostraram, existem muitas formas de relações parentais, e as crianças têm mais de um objeto primário de referência. Na verdade, é muito conhecido o movimento que Donald W. Winnicott empreendeu ao se distanciar da ideia de que o objeto maternal constituía a relação primária para a criança e considerar que a função maternal poderia ser mais bem distribuída entre várias pessoas (e de diversos gêneros). Ele compreendeu que seria possível perguntar pelo "campo maternal" e permitir que "pormenores" da função maternal pudessem ser espalhados entre diversos provedores de cuidado. Então, uma criança pode encontrar uma relacionalidade primária [*primäre Relationalität*] em referência a um conjunto complexo de relações de afinidade que não são simbolizadas ou tipificadas por uma única pessoa. Logo, não se segue que o laço social primário, compreendido como um laço estabelecido na infância, seja necessariamente dual. É claro que também existem razões para questionar por que, se pretendemos discernir o laço social primário, deveríamos olhar para a infância, dado que a criança nasceu em um conjunto complexo e preexistente de relações sociais que não são redutíveis a uma relação dual.

Por que imaginamos que as estruturas primárias do social começam com a criança? Com quais relações sociais a criança começa? Quais relações sociais tornam possível a emergência da criança e quais são as relações vigentes já esperando pela criança quando ela emerge no mundo?

Porém, mesmo se estivermos de acordo em tentar trabalhar dentro do enquadramento de Honneth, ainda faz sentido perguntar se, afinal, são nossos poderes de indiferença e observação que nos colocam em risco de destruir o que Honneth denomina laço social ou humano. Se é assim, e se a reificação emerge de dentro de relações sociais particulares – ou seja, no nível de uma sociologia –, então tudo o que teríamos de fazer é alterar aquelas relações sociais contingentes para "retornar" a uma práxis genuína que, felizmente, está sempre latente sob nossas atitudes instrumentais. De certo modo, o "laço genuíno" funciona como o mito de Arcádia, um "antes" do social que é, a um só tempo, a fundação do social e um guia que poderia restaurar para a gente um sentido mais genuíno de relacionalidade, da qual nos tornamos estranhos sob as condições sociais da reificação. Compreendo isso como um desejo, uma esperança, mas, como muitos desejos da variedade de Arcádia, ele se baseia em uma certa recusa de ver que as coisas não podem ser estipuladas com tanto otimismo "desde o início". Não é parte de nossa constituição emocional hesitar sobre nossas relações mais fundamentais e nossos modos primários de vinculação? O problema de formar um laço em condições de dependência não é simples, produzindo a necessidade permanente de agressão, de ruptura e separação, de um lado, e dependência, desamparo e carência, de outro. Qual ser humano é capaz de escapar dessa luta entre amor e agressão? Podemos chamar o primeiro de "reconhecimento" e torná-lo mais primordial que a segunda,

Reificação

ou ambos são coconstitutivos? Se priorizamos o cuidado e a vinculação isenta de problemas, estaríamos garantindo que, desde o início, somos "necessariamente" bons e nos tornamos contingentemente maus sob certas condições sociais? Trata-se aqui do conceito rousseauniano de piedade natural que nos coloca em sintonia, por exemplo, com o sofrimento dos outros, mas depois nos tornamos deturpados e distanciados sob condições da propriedade, compelindo-nos a uma relação instrumental que nega a forma primária de responsividade social? E se a luta entre amor e agressão, vinculação e diferenciação, for coextensiva aos seres humanos?

Com essa série de preocupações em mente, consideremos o que significa "adotar a posição da segunda pessoa". Assumo que isso tenha um significado ético decisivo na visão de Honneth. Trata-se de uma questão importante, por ser fundamental à etnografia, à filosofia moral e à teoria social. O que significa chegar a uma "compreensão recíproca dos motivos de cada um dos outros" e identificar essa realização da reciprocidade como "o laço da interação humana"? Honneth torna claro que essa capacidade para o entendimento recíproco constitui o exato significado do reconhecimento para ele, que o reconhecimento precede e condiciona o conhecimento, na verdade estabelece um "primado ontogenético do reconhecimento sobre o conhecimento" (p.64) e que, enquanto tal, o reconhecimento é anterior a todas as formas de observação que incluam métodos observacionais.

De fato, essa postura comunicativa, pela qual alcançamos uma compreensão recíproca dos motivos, define o comportamento humano de maneira essencial. Honneth escreve que "a especificidade do comportamento humano reside na atitude comunicativa que acompanha a adoção da perspectiva do outro"

Axel Honneth

(p.61). Observamos os primeiros indícios dessa capacidade na criança, declara Honneth, já que a criança contém esse princípio de compreensão recíproca em sua habilidade de adotar a perspectiva do outro. Finalmente, eu gostaria de considerar se as teorias do desenvolvimento sobre as quais ele se apoia reintroduzem inadvertidamente a reificação no coração do reconhecimento. Qual fundamento Honneth oferece para essa caracterização de que a criança segue essa norma de reciprocidade em suas vinculações primárias, em sua capacidade de responder ao ostensivamente singular provedor de cuidado e adotar sua perspectiva?

Com a finalidade de apoiar seu ponto de vista, Honneth cita três fontes da "psicologia do desenvolvimento" e da "pesquisa em socialização".[2] Isso nos mostra que alguma parte desses campos fornece pesquisa que pode ser usada para sustentar suas declarações. Mas quais são as tendências contrárias que podem derrubá-las? Era para entendermos que o laço social primário não é um conceito sociológico, e mesmo assim nós nos voltamos à psicologia do desenvolvimento para fornecer o suporte empírico para esse tipo de relacionalidade pré-sociológica. Estamos dizendo que a díade pais-filho não pode ser proveitosamente abordada mediante interpretações sociológicas do parentesco? Ou temos de assumir que a interpretação implícita do parentesco pressuposta pela psicologia do desenvolvimento que assume o primado da díade não pode ser proveitosamente explorado ou criticado pelos meios sociológicos? A psicologia do desenvolvimento é um campo amplo e controverso, e seria preciso decidir entre metodologias concorrentes e justi-

---

2 Cf. suas citações de Michael Tomasello, Peter Hobson e Martin Dornes neste volume.

Reificação

ficar a escolha de uma metodologia em detrimento da outra. Em todo caso, mesmo que alguém queira fundar a pretensão de uma práxis primária e genuína em uma pesquisa empírica, seria preciso decidir entre estudos empíricos, e não seria muito convincente optar tão somente por aqueles que já parecem apoiar sua tese. Se queremos entender que a "pesquisa sobre socialização" fornece o trabalho empírico sobre o fenômeno da socialização, provendo assim a base para suas declarações a respeito da prioridade do reconhecimento, então teríamos de saber de maneira mais geral como a prova empírica, ela mesma baseada em métodos de observação, pode ser utilizada para sustentar uma relacionalidade primária que é de tipo "não observacional", e por que deveríamos aceitar os resultados de uma tal pesquisa depois da extensa crítica levantada por Honneth aos métodos observacionais? Assim, quando ele nota, por exemplo, que, "por volta dos nove meses, a criança faz uma série de progressos observáveis em seu comportamento interativo" (p.65), somos levados a considerar que isso é verdade com base em uma confirmação observacional. Mas por que devemos aceitar isso? E onde se encontra a discussão tanto dos achados empíricos contrários (Daniel Stern, por exemplo) quanto do *status* da metodologia empírica, observacional? Afinal, Honneth nos ofereceu extensos argumentos em favor do engajamento existencial, das formas de cuidado e da prioridade do reconhecimento em contraposição à observação distanciada, compreendida como atitude reificante. Por que, de repente, é preciso que suas declarações se apoiem em um método observacional para sustentar a fundamentação empírica? Na verdade, por que a virada em direção ao empírico nesse ponto? No final das contas, se o reconhecimento tem primazia, e se é coextensivo com os atos básicos da percepção que precedem e condicionam o

Axel Honneth

conhecimento, e se isso constitui uma forma de interação que precede e condiciona as formas de observação, então parece que precisamos reverter a ordem aqui, contextualizando o estudo dos fenômenos empíricos (tal como os da "socialização") no quadro de referência mais fundamental do reconhecimento. Afinal, se nossas percepções e, portanto, nosso conhecimento emergem desse quadro de referência, esse próprio quadro seria pressuposto em toda investigação empírica particular.

Se devemos realizar a investigação empírica para fornecer uma comprovação empírica para um quadro de referência que, por sua vez, condiciona a observação empírica, estaríamos efetivamente revertendo e anulando o argumento para o qual buscamos uma comprovação! De fato, a melhor estratégia é perguntar: como a própria psicologia do desenvolvimento seria redefinida se tivesse de fundar seus métodos observacionais em uma atitude mais primordial de reconhecimento? Como se modificaria sua metodologia, e como ficaria sua relação com a teoria social e com a análise filosófica se ela precisasse adotar a antropologia filosófica como sua base teórica?

Antes de recomendar uma tal trajetória para a pesquisa empírica, contudo, vamos considerar uma vez mais o que significa "apropriar-se", "assumir" ou "adotar" a perspectiva do outro. Parece que temos as seguintes opções: agimos conforme o reconhecimento se formos capazes de nos apropriar da perspectiva do outro. Concluo que isso não é o mesmo que tornar o ponto de vista do outro igual ao meu próprio; não é nesse sentido que eu me "aproprio". E deve ser possível discordar de alguém e também ser capaz de se "apropriar de seu ponto de vista" no curso de um desacordo. Portanto, isso parece significar somente, como sugere Honneth, "compreender as razões do outro para suas ações". Raymond Geuss sugeriu

Reificação

que isso significa que "eu estou compelido a levar em consideração o seu desejo". Agora, ambas as coisas parecem remeter àquelas formas de reflexão que os indivíduos aprendem a fazer quando emergem, e que os adultos são particularmente obrigados a empreender tais considerações quando consideram possíveis modos de conduta e possíveis modos de resposta à conduta do outro. A criança que está chorando por leite ou que está extremamente desconfortável e é incapaz de se virar não se vê obrigada a compreender as razões do outro para a ação quando ela grita, faz suas demandas e começa a formar seus laços e identificações iniciais e mais enfáticas. O outro está "ali", como alguém separado de mim, desde o início? Eu me encontro absorvido ou submetido ao outro? E como esse "Eu" pode vir à tona, dado o fluxo de demanda psicológica e o tratamento enigmático ao qual está sujeito, sem sua vontade? Precisamos saber como o "Eu" é formado e como consegue se separar dos outros antes de nos perguntar de que maneira chega a se apropriar do ponto de vista do outro?

Para sustentar seu argumento, Honneth recorre à declaração de Adorno em *Minima Moralia* segundo a qual "um ser humano se torna um ser humano somente ao imitar os outros seres humanos". Ele continua afirmando que, para Adorno, essa forma de imitação é um "arquétipo do amor". Mas precisamos ter cuidado aqui sobre o que entendemos por "imitação", pois se "adotamos" a perspectiva de um outro, estamos fazendo algo diferente do que simplesmente simpatizar com um ponto de vista. No caso em que compreendo as razões para a ação ou crença do outro, não compartilho necessariamente essas razões, e não se segue que devo assumir as mesmas razões. Na verdade, o reconhecimento da alteridade do outro ser humano – a existência desse outro precisamente como não sendo eu – depende da minha capacidade para distinguir a perspectiva do outro da minha própria, e assim compreender tal perspectiva da melhor maneira que puder. Contudo, a imitação abre outro conjunto de problemas. Por exemplo, existem modos de envolvimento mimético por parte da criança, maneiras de responder a sorrisos e a toques, a risadas ou sinais de aflição por parte dos provedores de cuidado, e essas impressões primárias são parte do que forma as condições afetivas da própria experiência. Na verdade, mesmo a possibilidade de um "Eu" que compreende sua própria capacidade motora e suas próprias articulações é uma realização posterior, que se segue de um processo de diferenciação em que é preciso superar o mimetismo transitivo das impressões primárias. Não existe "Eu" sem que estejamos submetidos a essa separação de um mimetismo primário, e sem que este continue, mesmo assim, a produzir um efeito estruturante e formativo sobre o "Eu". Se esse "Eu" já é formado sem dúvida por um mimetismo que precede e inaugura a formação do sujeito, então é claro que esse mimetismo não significa a mesma coisa que "se apropriar da perspectiva do outro", tal como sugerido antes. De fato, se pensarmos sobre os modos primários de transitividade em que a criança, por exemplo, ecoa os sons que recebe, sustentando uma certa relação transitiva com as vozes circundantes, isso significa menos momentos incipientes de reconhecimento da alteridade que modos de responsividade que precedem a perspectiva da primeira pessoa. Que a primeira pessoa seja possível em virtude da segunda e terceira pessoas, e que aquelas "outras vozes" se tornem parte da "sua própria" voz, isso constitui a condição de possibilidade para aquilo que é, tardiamente e talvez sempre, apenas parcialmente "a sua própria".

Por isso, na psicanálise relacional e em várias posições derivadas de Winnicot, as relações primárias precedem a formação

Reificação

do que chamamos de "Ego", e mesmo esse "Ego" é compreendido primordialmente enquanto modos de "relação do Ego".

Em um viés diferente, as teorias pós-lacanianas, tais como a de Mikkel Borch-Jacobsen, sugeriam que a identificação *precede* a formação do sujeito e, assim, o eco mimético do outro, pode-se dizer, instiga o "Eu", que mantém de maneira bastante inconsciente o traço do Outro na base de si mesmo. Isso também se aproxima muito da teoria de Jean Laplanche, embora para este é a impressão avassaladora dos outros primários (o que ele chama de "o mundo adulto", abstraindo a díade presumida) que marca e anima as pulsões e chegam a constituir uma alteridade no coração do sujeito, a primeira pessoa "Eu".

Essas são questões complexas que não poderei desenvolver plenamente aqui, mas me parece que, se Honneth pretende selecionar algumas perspectivas psicanalíticas e formar uma aliança entre a teoria da vinculação e a pesquisa psicológica, ele poderia fazer isso com mais persuasão ao tentar mostrar como sua teoria pode refutar um conjunto concorrente de interpretações que são igualmente psicanalíticas e concernentes à relação entre vinculação e diferenciação. Os tipos de deliberação moral que os adultos conduzem quando procuram entender as razões de os outros agirem de certo modo não são análogos ao que acontece nos primeiros estágios de vinculação, identificação e responsividade. De fato, não parece muito correto pedir a uma criança que seja plenamente responsiva em relação à alteridade. Nem parece muito correto encontrar a estrutura incipiente da moralidade nos esforços da criança para garantir suas necessidades básicas.

Honneth parece subscrever também a visão de que compreendemos propriamente a expressão de outro ser humano quando lhe respondemos de forma apropriada. Essa visão con-

Axel Honneth

figura um isomorfismo estrutural entre expressão e resposta cujo caráter é altamente normativo, e falha ao compreender que a mesma expressão de sofrimento no rosto de alguém pode muito bem provocar em uma pessoa um desejo compreensivo de aliviar sua causa e, em outra pessoa, um desejo sádico de agravar o sofrimento. Na verdade, pode ser que uma mesma pessoa sinta um desejo de aliviar e de agravar o sofrimento e fique presa precisamente nessa resposta ambivalente. Podemos encontrar esse tipo de reação humana no modelo de Honneth? Sua insistência de que somente a compaixão é a resposta verdadeira ou correta levanta a questão de que, nesse ponto, não estamos mais descrevendo o reconhecimento como uma relacionalidade que tem primazia diante do conhecimento, como uma práxis genuína, mas tão somente como uma forma moralmente correta de conduta. Na realidade, argumenta-se que apenas a resposta compreensiva é "correta", então ele claramente se deslocou para uma discussão sobre a deliberação moral, e nesse nível pode encontrar uma boa justificação. Mas, se fez isso, então não pode mais assumir a separação analítica entre a esfera de uma "práxis genuína" e o domínio da conduta moralmente correta. Isso fica evidente em muitas passagens do texto de Honneth, por exemplo, quando ele procura recursos para a linguagem moralmente carregada da violação ao dizer que as atitudes reificantes ante a natureza "[infringem] sim, em um sentido indireto, as condições não epistêmicas de nossa interação com os outros seres humanos" (p.98).

Na verdade, em alguns momentos, Honneth parece bastante favorável a um engajamento emocional com as coisas deste mundo, sugerindo que esse tipo de engajamento é o que constitui a possibilidade do reconhecimento, em que o reconhecimento afirma e articula uma relação de envolvimento

Reificação

entre o sujeito da percepção e o mundo circundante. Pode-se dizer que, em alguns momentos, o reconhecimento parece um modelo mediante o qual a própria distinção sujeito-objeto é criticada, e uma compreensão mais relacional de engajamento é oferecida em seu lugar. Mas aqui, ao que parece, estaríamos diante de outro modelo, um em que o reconhecimento do outro como alguém separado em termos objetivos seja extremamente importante. Ao descrever o trabalho de Hobson e Tomasello, Honneth nota que eles "enfatizam igualmente os desenvolvimentos que ocorrem nas interações comunicativas por meio das quais a criança aprende progressivamente, a partir da perspectiva de uma segunda pessoa, a perceber objetos enquanto entidades de um mundo objetivo que existe independentemente de nossas atitudes" (p.65).

Podemos tentar reformular essa ideia à luz do que Honneth já nos ofereceu: se precisamos *primeiramente* nos vincular a uma segunda pessoa e, como parte dessa vinculação, nos apropriarmos da perspectiva dessa segunda pessoa, parece que temos primeiro de considerar essa segunda pessoa *como* uma segunda pessoa. Ou seja: temos de considerar essa segunda pessoa como segunda, isto é, não como eu, mas separada de mim. Apenas mediante essa diferenciação eu poderia vir a encontrar aquela segunda pessoa como uma pessoa separada e, assim, adotar seu ponto de vista. Vamos adiar por enquanto a questão de saber "o que significa se apropriar da perspectiva do outro", e nos ater às pressuposições lógicas desse encontro por ser uma parte tão importante da dimensão moral da práxis humana para Honneth. Se a criança precisa, antes de tudo, assumir o ponto de vista da segunda pessoa, inclusive perceber por meio dessa segunda pessoa "objetos enquanto entidades de um mundo objetivo que existe independentemente de nossas atitudes", então parece claro que a criança tem de passar por uma perda de seu egocentrismo – seu narcisismo, que seja – e não apenas formar um vínculo, mas assumir a perspectiva daquele ou daquela a quem se encontra vinculada para assim compreender o mundo objetivo que existe com algum grau significativo de indiferença em relação a ela. Essa perda do egocentrismo é realizada, então, em dois passos: o primeiro ocorre mediante o reconhecimento da segunda pessoa como segunda, a assunção da perspectiva da segunda pessoa (mas ainda não é claro o que isso significa), e, no segundo passo, pela diferenciação da perspectiva da segunda pessoa, abrindo a percepção para um mundo que existe objetivamente e, portanto, é independente de nós. Se esse é um modelo de desenvolvimento que consideramos apropriado, mesmo "genuíno", então parece que é precisamente pela negação de nosso envolvimento com o mundo que chegamos a compreendê-lo em sua objetividade e independência.

É claro que seria necessário dizer que um engajamento egocêntrico não é a mesma coisa que o tipo de envolvimento que Honneth enaltece como parte do modo primariamente afirmativo de uma práxis humana genuína. Mas parece que o modelo de desenvolvimento que ele utiliza para destacar sua abordagem está de acordo com uma visão que assume a emergência das atitudes relacionais diante de um egocentrismo primário, ou mesmo em contraste com uma receptividade transitiva indiferenciada. Esse estado primário seria superado por um modo objetivo e não relacional de percepção diante de objetos que são caracterizados principalmente por sua independência e *não* por seu envolvimento conosco. De fato, se a neutralidade observacional distanciada é um pré-requisito metodológico para psicologias do desenvolvimento como a

Reificação

de Hobson e Tomasello, então é possível que precisamente aquela objetividade exemplificada pela metodologia também seja imputada à criança.

Concordo com a pretensão enormemente produtiva de Honneth segundo a qual "aqui se trata, num sentido tão somente temporal, do primado de uma receptividade emocional que antecede a transição rumo ao conhecimento de objetos intersubjetivamente dados" (p.68). Se ele pretende sugerir que objetos objetivamente dados são aqueles intersubjetivamente dados, então é possível reter uma base subjetiva compartilhada para a objetividade dos objetos em questão. Em sua visão, o primeiro modo de encontro com o outro é diádico, e a consequência desse encontro diádico é adotar o ponto de vista da segunda pessoa, permitindo assim uma outra perspectiva sobre um objeto. A adoção da perspectiva da segunda pessoa não apenas nos introduz a um novo aspecto do objeto, mas é o meio através do qual a objetividade do objeto é constituída.

De maneira muito significativa, Honneth se apoia na noção adorniana de imitação para mostrar como a criança passa a perceber os atributos de uma outra pessoa ou objeto que existe de forma independente. Ele escreve:

> A imitação do outro concreto, que se alimenta de energias libidinais, é transposta de certo modo ao objeto, na medida em que o provê de componentes de significado adicionais que estão além de sua realidade independente, e os quais a pessoa amada percebeu nele; e quanto mais atitudes de outras pessoas um sujeito reúne em um mesmo objeto no curso de sua catexia libidinal, mais rico em aspectos tal objeto lhe parecerá por fim no que diz respeito à sua realidade objetiva. (p.93-94)

Axel Honneth

Podemos discernir uma certa confusão nessa citação entre o que é imitado no outro e o que se provê ao outro. Há alguma maneira de superar essa confusão? E quais são suas consequências para a posição de Honneth? Se a questão da imitação consiste em estabelecer a possibilidade para a criança de "tomar o lugar" ou "assumir" a perspectiva do outro, e se a imitação envolve prover o outro com atributos, então parece que o outro, cujo ponto de vista é assumido pela criança, é um outro que, em última instância, é parcialmente construído mediante os desejos libidinais e projeções da criança. Parece que retornamos ao problema original que Honneth identificou em Lukács, a saber, a tensão entre uma visão da alteridade que é construída e produzida pelo sujeito e uma outra pertencente ao modo interacionista, que produz a possibilidade do reconhecimento (e da afirmação) do outro em sua separação e independência. Se nossas imitações são sempre em alguma medida atributivas — ou seja, se provemos o outro com qualidades e atributos enquanto parte de um desejo mais geral e capacidade de idealização —, há alguma maneira de atenuar a sombra do ego ante a percepção do objeto? E para retornar ao outro ponto sobre mimetismo e transitividade das impressões primárias, teríamos de formular a questão inversa: há alguma maneira de distinguir a primeira pessoa daquelas impressões da alteridade pelas quais ela é constituída? Caso não, existe afinal alguma forma de atenuar o ego da sombra projetada pelo objeto?[3]

---

3 Para essas duas visões, cf. Bollas, *In the Shadow of the Object: Psychoanalysis of the Unthought Known*; e Benjamin, *Shadow of the Other: Intersubjectivity and Gender in Psychoanalysis*.

Reificação

Honneth conclui seu texto com a discussão sobre o que significa "esquecer" esse modo antecedente de reconhecimento, procurando redefinir a reificação como uma tal forma de esquecimento. Ele afirma que "não se trata aqui de simplesmente retirar da consciência aquele fato do reconhecimento e dizer que este 'desapareceu'" (p.89). A força dessa estipulação é clara: a consciência é, por definição, ligada ao reconhecimento; assim, as formas de reificação que parecem ter suplantado as relações e atitudes de reconhecimento só podem ser um tipo de aparência. Estou consciente de que tais estipulações não podem ser provadas, e Honneth em certo ponto se refere a essa investigação como um conjunto de "especulações esclarecedoras" (p.42). É como se essa estipulação fosse um tipo de especulação, desmentindo assim uma certa urgência e necessidade para aquilo que, afinal, não requer prova. Podemos muito bem imaginar que o mundo seria insuportável se não assumíssemos que, "desde o início", estamos vinculados aos outros de uma maneira afetuosa e que tais condições iniciais permanecem em nós ao longo da vida, mesmo que de forma imperfeita. Mas se tais relações de cuidado têm prioridade diante do conhecimento e são coextensivas à própria consciência, então elas não dependem de circunstâncias empíricas particulares para ser verdadeiras. Contudo, se essa relação de cuidado tiver de ser uma característica de todos os arranjos voltados à criação das crianças, então precisamos considerar se é verdadeira. Em qualquer caso, existe uma confusão entre reconhecimento como um *a priori* social e reconhecimento como um modo de relação empiricamente induzido ou facilitado.

Além disso, se Honneth quer argumentar que os seres humanos não podem adotar uma postura reificadora diante de

Axel Honneth

outras pessoas (ou grupos de pessoas) sem perder de vista seu reconhecimento precedente dos outros, então está pressupondo uma relação temporal entre reconhecimento e reificação que necessita ser explicada. Se acontece no decorrer de uma narrativa de desenvolvimento da criança, então isso pertence à trajetória temporal de uma vida humana singular. Mas se a relacionalidade coextensiva à sociabilidade humana é uma condição de possibilidade, então ela existiria independentemente das práticas de criação da criança ou da trajetória particular de uma vida individual. A prioridade temporal do reconhecimento seria lógica, e precisaríamos compreender a diferença entre ambas. Além disso, se dissermos que a reificação consiste no esquecimento do reconhecimento, então estaríamos definindo a reificação desse modo, e não poderíamos dizer que ela ocorre somente após a ocorrência do esquecimento. O esquecimento seria um ato em si mesmo. O que torna isso tudo ainda mais peculiar é que, se abordarmos o problema em termos de desenvolvimento, parece que o reconhecimento é algo a ser alcançado, e só emergiria após despertarmos de um esquecimento mais primário. Parece que esse é o caso, uma vez que na infância seríamos plenamente conscientes da existência do outro e, assim, agiríamos de uma maneira indistinguível de um certo ideal da conduta moral adulta. Isso colocaria um fardo normativo injusto sobre toda criança, cujas demandas e cegueiras são parte de seu "direito", confundindo nossa própria compreensão a respeito da diferença entre o que condiciona a capacidade para o reconhecimento e quais formas ideais aquele reconhecimento poderia ter.

Antropologia filosófica e crítica social

Raymond Geuss

Eu gostaria de começar descrevendo algo do pano de fundo histórico da rica interpretação do professor Honneth sobre a relação entre conhecimento, reconhecimento e reificação na esperança de que isso nos permitirá uma visão mais acurada sobre algumas das características centrais de sua posição. A narrativa histórica que pretendo apresentar consiste em duas subtramas interconectadas. A primeira é uma história sobre a antropologia filosófica característica do Ocidente; a segunda, uma história sobre o desenvolvimento de um certo tipo de crítica social.

Para começar com a primeira dessas subtramas, John Dewey costumava dizer que havia um pendor "intelectualista" na filosofia ocidental, tal como foi desenvolvida desde Platão. Uma maneira de expressar esse pendor, segundo Dewey, era a tentativa tradicional de analisar as propriedades essenciais dos seres humanos. Essas propriedades deveriam ser consideradas básicas ao modo humano de vida, características dos seres hu-

163

Axel Honneth

manos em comparação com outras entidades (particularmente os animais), e de grande importância para os membros de nossa espécie. O "intelectualismo" é uma tese segundo a qual os seres humanos são definidos por sua habilidade em se engajar em um certo tipo de ação: a formação e a avaliação sistemática de crenças. Se acrescentarmos a esta última afirmação que os seres humanos também são dotados de uma distinta faculdade da razão, que deve reinar livremente ao seguir sua própria natureza uma vez que regula a aceitação das crenças, temos uma versão do racionalismo tradicional que, desde Platão, foi a posição dominante para a maioria dos filósofos:[1] se minha razão avaliou as crenças que formei, aquelas que satisfazem os padrões que a razão lhes impõe podem ser consideradas um (correto) conhecimento (do mundo). Pois, segundo tal entendimento, tais crenças deveriam guiar minha ação. Para que tal concepção não se torne completamente irreal enquanto uma interpretação completa da vida humana, e em particular da *ação* humana, algum espaço tem de ser deixado para algo diferente de uma simples gênese das crenças [*Doxagenese*]. Deveria haver um motor, algo que de fato tenha movido um agente humano para além do reino da especulação – do mero entretenimento com os pensamentos e crenças – e levado o agente a agir no mundo externo mais de uma certa maneira do que de outra. Geralmente, então, os filósofos admitiam um segundo setor da psiquê humana, distinto do domínio em que a razão e o

---

1 "Racionalismo" nesse sentido *não* é oposto a empirismo – que alguém deva aceitar crenças que estão apoiadas na experiência é, enquanto tal, um princípio da razão no sentido mais geral em que estou utilizando o termo.

Reificação

aparato cognitivo estavam localizados. Esse segundo domínio foi habitado por desejos, carências, impulsos e emoções, como coisas que forneciam o estímulo para a ação humana, da mesma maneira que a razão fornecia a orientação. A ação exigia uma conjunção de crença e desejo. Esse domínio do desejo foi importante em termos motivacionais, mas, segundo a visão tradicional, teve de se manter firmemente sob controle para que não distorcesse o processo cognitivo. O "verdadeiro" *self* era um sujeito cognitivo independente e autorregulado: esse foi o ponto de partida e objetivo teleológico tanto da vida humana quanto da filosofia.

Essa tradição ocidental fundamental nunca foi completamente incontestada, mas podemos ver em retrospectiva a importância de um deslocamento que aconteceu precisamente no final do século XIX. Fichte e a maioria dos idealistas alemães que o seguiu começaram a rejeitar de modo sistemático um elemento importante do modelo tradicional em nome do primado da prática sobre o conhecimento. Fichte reclamou que os filósofos tradicionais partiram da hipótese de que o sujeito humano deveria ser construído essencialmente como um aparato cognitivo, que teria, por assim dizer, caído diretamente do céu para a terra e chegado aqui completo em todos os sentidos. Contrariamente, contudo, ele argumentou que esse sujeito tinha uma gênese, e a primeira tarefa da filosofia deveria ser a compreensão exata de como ele chegou à sua existência. Fichte afirma, primeiramente, que o sujeito humano passa a existir mediante a realização de um tipo particular de ação metafísica, a saber, a autoposição [*Selbstsetzung*]; apenas quando do o eu realiza esse ato altamente paradoxal, o conhecimento, ou qualquer outro tipo de engajamento com o mundo, pode

165

Axel Honneth

acontecer. Em segundo lugar, Fichte sustenta que eu posso estar certo da existência de um mundo exterior apenas porque sei imediatamente que estou diante de certas obrigações práticas em relação a outras pessoas, e, para que isso tenha sentido, essas outras pessoas precisam ser reais. Um certo tipo de atividade metafísica originária e um comprometimento com princípios práticos (o que para Fichte significa "moral") são então, em certo sentido, anteriores ao conhecimento.[2]

O projeto de rebaixar o conhecimento teve uma história variada no século XIX, mas, por volta da virada do século, ela adquiriu uma dinâmica, e a antiga ideia ocidental, segundo a qual era suficiente entender um ser humano meramente como uma máquina autônoma, produtora e avaliadora de crenças, passou a ser cada vez mais questionada. Honneth menciona Dewey, Lukács e Heidegger como figuras cruciais desse desenvolvimento. Cada um deles representa uma tentativa significativa de localizar a formação e a avaliação de crenças no contexto de uma práxis humana mais ampla e prioritária. Para Dewey, a formação de crenças aconteceu no encontro imediato (pré-doxa) e qualitativo de um animal vivo com uma situação da experiência; para Lukács, a doxogênese tinha de ser entendida como algo enraiza-

---

2 A metafísica envolvida aqui é extremamente complexa, obscura e implausível para sensibilidades modernas, porém de uma forma que não importa aqui. É notório que Fichte nunca conseguiu oferecer uma interpretação geral de sua posição filosófica que o satisfizesse, por isso o corpo dos seus escritos deve ser tratado em certo sentido como um trabalho em desenvolvimento. O primeiro fio do argumento que atribuí a ele no corpo do texto é mais claramente identificado nas várias versões de sua *Wissenschaftslehre* (cf. Fichte, *Sämmtliche Werke*, v.1). O segundo fio do argumento aparece em *Die Bestimmung des Menschen* (*Sämmtliche Werke*, v.2, p.165-321).

Reificação

do na atividade social de uma formação socioeconômica historicamente constituída; e, para Heidegger, o arcabouço final para a conceitualização e a formação de crenças era uma espécie de "ser-no-mundo" essencialmente constituída pelo engajamento dedicado e pré-predicativo em projetos humanos existentes.

Essa é a primeira subtrama da minha história. A segunda subtrama nos conta sobre a insatisfação com a condição social, política, existencial e estética das sociedades no pós-Iluminismo, que começa a ganhar expressão no final do século XVIII e se torna mais comum conforme o século XIX progride. Na década de 1790, Schiller descreve a sociedade moderna como fragmentada, Marx analisa a alienação das sociedades capitalistas, Durkheim introduz o conceito de *anomia* na sociologia e Nietzsche tenta encontrar uma saída do niilismo que ele considera ser o perigo especificamente moderno.

Do mesmo modo que há uma variedade de diagnósticos sobre o que é desalentador no mundo moderno, há também uma variedade de remédios propostos que vai desde apelos por uma renovação da elite cultural e uma reforma educacional até os chamamentos por uma subversão revolucionária do modo de produção capitalista. Uma coisa que essas críticas sociais têm em comum é que não pretendem ser moralizadoras – ou seja, não discutem os defeitos na sociedade relativos às fraquezas subjetivas dos agentes individuais ou relativos às noções de responsabilidade, culpa, arrependimento ou quaisquer componentes do aparto cristão ou pós-cristão. Contudo, se a crítica *não* é moralizadora, então a que ela pode apelar?[3]

---

3 Com base em quais argumentos Schiller, Hölderlin, Marx, Heidegger e muitos outros pensam que há alguma coisa fundamentalmente

Axel Honneth

Penso que o professor Honneth está interessado no modo particular com que estes dois fios históricos — o antropológico e o crítico — se juntam, especialmente de que maneira isso ocorre nas obras de juventude de Lukács e, em particular, em sua interpretação da reificação. "Reificação" é o termo de Lukács para um estado da sociedade em que os seres humanos tratam uns aos outros como se fossem coisas, não pessoas, e experimentam as relações sociais geralmente como se fossem relações entre entidades não humanas.

A reificação, defende Lukács, é um defeito sistemático, não moral, ou uma característica patológica da sociedade contemporânea, e parte da razão de sua existência é que os agentes de nossa sociedade são encorajados a pensar sobre si mesmos

---

errada com o mundo social em que vivemos? Na sociedade do pós--Iluminismo, algumas das opções que talvez estivessem disponíveis antes não mais são plausíveis; não deve pretender ter acesso direto à vontade revelada de Deus aquele que exige que condenemos alguma de suas características. Uma abordagem inicial — encontrada, por exemplo, nos trabalhos de Schiller — criticou a sociedade moderna ao compará-la com um passado idealizado (a Atenas de Péricles), achando que este seria desejado. O padrão com o qual o presente está sendo medido é conhecido apenas de maneira muito indireta mediante antigos escritos imperfeitamente transmitidos e monumentos avariados. Essa abordagem é fraca ao menos por três razões. Primeiro, não é claro que o passado idealizado realmente tinha propriedades que agora lhe são atribuídas. Segundo, mesmo se tais propriedades admiráveis de fato existiram, não parece possível recriá-las sob condições contemporâneas (por exemplo, em uma sociedade sem escravidão). Em terceiro, não é claro por que a admiração que temos pelo passado não é simplesmente um tipo de preconceito, e por que esse preconceito valeria mais do que algum outro.

Reificação

abstraindo sua participação plena e afetiva nos processos ativos de trabalho, e ver a si mesmos como agentes meramente contemplativos que tentam obter um conhecimento correto a respeito de uma sociedade sobre a qual eles sabem que não possuem um controle final.[4] Assim, eles têm crenças antropológicas falsas sobre si mesmos e sobre o mundo em que vivem. Lukács argumenta que a forma capitalista de organização econômica é responsável por isso, e portanto pela reificação, e que um conceito reificado de si torna mais difícil a mudança social. Honneth propõe dar à teoria da reificação de Lukács uma nova fundamentação na teoria do reconhecimento, permitindo manter sua força como uma teoria crítica da sociedade moderna.

Honneth pensa então que Lukács está certo em relação a um ponto, mas errado em outro. Lukács tem razão ao pensar que a sociedade moderna é reificada e que isso é considerado

---

4 Desnecessário afirmar que, à primeira vista, a ideia de que os agentes em sociedades capitalistas são "meros observadores", mais do que participantes ativos e emocionalmente engajados, parece completamente contraintuitiva, em particular se considerarmos agentes paradigmáticos, por exemplo os trabalhadores da indústria (ou "produtores imediatos"), em comparação com corretores da Bolsa ou consultores. Em sua discussão do capitalismo, Lukács parece fundir duas coisas muito diferentes: (a) a análise do mundo dos trabalhadores industriais sob condições do capitalismo inicial e (b) a análise do *comportamento da troca* tal como se encontra mais claramente em transações da Bolsa. Em termos fenomenológicos, elas de fato parecem duas coisas bem diferentes, mas a ideia segundo a qual os membros de *ambos* os grupos são especialmente distanciados ou emocionalmente neutros parece peculiar; além disso, a ideia de que, embora eles não sejam "realmente" distanciados e neutros, mas compreendam (falsamente) a si mesmos desse modo, também parece implausível.

Axel Honneth

um defeito significativo. Mas se equivoca no fundamento que oferece à sua teoria da reificação. A teoria de Lukács está fundada em uma visão metafísica derivada do idealismo alemão. Ela tem a aparência superficial de uma teoria secular, mas, corretamente compreendida, veremos que é derivada de uma crença teológica sobre a relação entre Deus e o mundo. Da mesma maneira que o mundo é a imagem plena e completa que Deus cria de si mesmo, também a sociedade deveria ser a imagem plena, completa, irredutível e sem distorção das pessoas que a constituem. O que está errado com uma sociedade reificada é que ela falha em preencher essa exigência. Honneth afirma que essa exigência é completamente irrealista – nenhuma sociedade humana poderia estar completamente sob o controle de seus membros, produzindo assim tão somente uma imagem refletida deles mesmos. A teoria da reificação de Lukács, contudo, pode ser reconstruída como uma teoria sobre o que acontece quando uma sociedade falha em efetivar as formas corretas de "reconhecimento" entre seus membros. A necessidade de reconhecimento está originalmente fundada no fato de que é precondição necessária para o conhecimento, e esse fato pode ser usado então para criticar toda sociedade que exibe sinais de reificação.

Assim, considero que a estrutura básica do argumento de Honneth é a seguinte:

(A) O reconhecimento é uma precondição do conhecimento.

(B) A reificação é uma falha de reconhecimento.

(C) Por causa da importância esmagadora do conhecimento na sociedade, temos boas razões para criticar toda característica da sociedade que destrua as precondições do conhecimento.

Reificação

(D) Portanto, temos boas razões para criticar uma sociedade que é reificada.

Esse é um argumento complexo com conclusões potencialmente de grande alcance, portanto faz sentido tentar ser o mais claro possível sobre suas pretensões e conceitos básicos. "Reconhecer/reconhecimento" tem um número de significados distintos, e Honneth, penso, usa o termo de maneira característica em um outro sentido, que é ligeiramente idiossincrático.

Em um primeiro sentido primário, "reconhecer" significa identificar ou, em particular, reidentificar [*wiedererkennen*]. Paradigmaticamente, posso dizer que reconheço algo se eu o vejo, então o vejo de novo e sei que se trata da mesma coisa. Isso pode ser dito de objetos ou lugares no mundo – "Eu reconheço o Coliseu", significando que o vi em uma viagem anterior, e o vi agora de novo e sei que se trata da mesma coisa, e que empreguei o nome apropriado para nomeá-la. Certamente também podemos dizer que reconhecemos, ou falhamos em reconhecer, pessoas nesse mesmo sentido. Em geral, isso é dito de pessoas como meros objetos da percepção: "Ela estava tão bronzeada no seu feriado em Mallorca que não a reconheci", mas em alguns casos há um uso mais interiorizado, psicológico: "Desde a morte de sua filha, ela está tão mudada que mal a reconheço". Isso poderia significar que suas características ficaram crispadas e sua cor, empalidecida, porém denota sobretudo que ela tem certas propriedades psicológicas que pareciam profundamente enraizadas, mas que agora não mais as exibe.

"Eu reconheço" pode também ser usado em um segundo e mais importante sentido para significar algo como "eu admito" ou "eu concedo"; "eu reconheço a verdade do que você diz" ou "eu reconheço sua reivindicação por compensação".

Isso parece um ato performativo, cujo contexto primário seria a discussão pública. Um emprego similar poderia ser o agora levemente arcaico uso da palavra "reconhecer" para designar a aceitação pública da paternidade de uma criança nascida fora do casamento.[5] Atos performativos como esse parecem retirar seu significado da possibilidade de se fazer *ou não* se fazer algo. Assim, autoridades propriamente constituídas podem dizer em um certo contexto "O governo de Sua Majestade reconhece o Talibã como o governo legítimo do Afeganistão", ou podem dizer (em um contexto apropriado) "O governo de Sua Majestade *não* reconhece o Talibã", ou finalmente podem tentar por prudência evitar *dizer* alguma coisa. Em alguns contextos, é possível inclusive performar um ato específico para evitar um comprometimento positivo ou negativo, como ocorre ao se declarar formalmente neutro em caso de guerra.

Contudo, Honneth usa "reconhecimento" em um terceiro sentido, que não é igual aos dois anteriores. Para ele, o reconhecimento se refere a uma forma primordial de estar aberto e ansiosamente engajado com a natureza, com outras pessoas ou com nós mesmos e afetivamente interessado na natureza de nossa interação com todos esses elementos. Não há dúvida, para mim, de que Honneth está descrevendo uma característica importante da vida humana, mas me parece levemente forçado chamar isso de "reconhecimento" (seja em alemão *Anerkennung*

---

5 Cf. por exemplo *King Lear*, 1º Ato, Cena 1: "o filho da prostituta deve ser reconhecido" e *A tempestade*, 5º Ato, Cena 1, quando Próspero diz a Calibã: "Essa coisa da escuridão que eu/ Reconheço como minha", que parece se referir a uma aceitação metafórica da responsabilidade.

Reificação

ou em inglês *recognition*).[6] A questão básica não é se Honneth oferece uma definição formal satisfatória de reconhecimento, mas se existe aqui um fenômeno singular subjacente – diferentemente de afirmar, por exemplo, que há uma variedade de *diferentes* processos – e, se existe, é preciso saber se esse fenômeno pode assumir o papel que Honneth lhe atribui. Em sua teoria, o reconhecimento deveria satisfazer *duas* condições distintas ao mesmo tempo: de um lado, o reconhecimento em questão deve ser uma precondição estrita para toda forma de conhecimento humano; de outro lado, esse reconhecimento deve fornecer o fundamento para uma análise não moralizadora das patologias sociais e, assim, para uma crítica radical das sociedades.

Como temos visto, Honneth tenta tornar o fenômeno do reconhecimento mais familiar para nós ao dizer que Dewey, Heidegger e Lukács também o viram de algum modo, embora cada um deles o tenha concebido de maneira um pouco diferente. Penso que Honneth minimiza significativamente as fortes diferenças entre Dewey, Lukács e Heidegger, mas vamos aceitar, em prol do argumento, que todos os três estão comprometidos com a ideia de que há uma mínima forma de engajamento prático, emocional e existencial em relação ao mundo, às outras

---

6 A situação é um pouco mais complicada do que seria de outra maneira porque o termo inglês *recognize* [reconhecer] cobre aproximadamente a mesma área semântica de duas palavras alemãs bem distintas, *anerkennen* e *wiedererkennen*. Por outro lado, *anerkennen* é usado como equivalente tanto de *recognize* quanto de *acknowledge*. Suspeito que o uso feito por Honneth é fortemente influenciado pela tradução do termo *acknowledge* em Stanley Cavell por *anerkennen*, que (incorretamente) parece *prima facie* como se pudesse ser retraduzido pelo termo padrão em inglês *recognition*.

pessoas e a nós mesmos, que é uma precondição estrita para toda forma de conhecimento humano. Mesmo se isso fosse verdade, tal engajamento – tal "reconhecimento" no sentido técnico da palavra empregado por Honneth – não poderia ser chamado de um engajamento *positivo* com nosso mundo. Deveria haver algo que, em algum sentido, fosse anterior e que tornasse possível toda distinção que pudéssemos fazer entre atitudes, ações e emoções positivas, negativas ou neutras. Estou reconhecendo você no sentido empregado por Honneth independentemente de estar ajudando-o, maltratando ou apenas adotando uma atitude de indiferença em relação à sua existência, porque o reconhecimento em questão antecede todas essas atitudes específicas que podem ser adotadas. Este é um ponto que Heidegger repetidamente sublinha: ao fato de que o cuidado pelo mundo antecede o conhecimento não se segue que preciso ter uma atitude básica de afeto, otimismo ou apoio em relação a alguma coisa no mundo em particular. Amar, odiar ou ser indiferente, distanciado, neutro e assim por diante é uma forma de estar engajado de maneira "cuidadosa". Repetindo: a prioridade do cuidado, da afecção etc., precisamente por ser quase transcendental, não tem – e isso realmente significa *não* – efeito sobre como devemos agir concretamente diante de indivíduos, de grupos ou da natureza. Eu me "preocupo" com você – e assim também se considerarmos seriamente o paralelo entre o cuidado heideggeriano e o reconhecimento – e eu "reconheço" você (neste sentido) ainda que o ignore, trate sua morte como uma perda meramente colateral ou faça todo o possível para humilhá-lo e destruí-lo, como eu faria se desse muito valor a cada um de seus caprichos. Se o cuidado (ou o reconhecimento) é uma precondição de tudo, incluindo ódio

Reificação

ou indiferença, ele não pode ser a base de uma ética ou de uma crítica social. Sartre passou toda sua vida tentando provar que Heidegger estava errado sobre isso, e falhou.

Ao ler o texto de Honneth, geralmente sentimos que ele acredita que a brutalidade que vemos em volta de nós resulta principalmente de uma indiferença ou um distanciamento excessivo, que estão enraizados na falta de reconhecimento. Brutalidade (no sentido de se ter desejos relativamente rudimentares), indiferença e destrutividade ativa, intencional, contudo, são fenômenos diferentes. Os modos em que essas configurações psíquicas interagem umas com as outras e com as circunstâncias sociais são altamente complexos e exigem uma análise cuidadosa. O soldado aterrorizado em um posto de controle, que sabe que é detestado por todos à sua volta e vai atirar a qualquer súbito movimento, o espião que se move de uma base secreta a outra tentando extrair informação de prisioneiros encapuzados, o homem-bomba suicida em seu caminho para agir conforme suas convicções: faz sentido falar de "patologia social" em casos como esses, mas apelar para um pretenso "esquecimento do reconhecimento" não é útil. A melhor forma de extrair informação pode ser entrar de maneira imaginativa e empática no mundo que os outros habitam; agir com base em convicções fortemente estabelecidas não parece ser uma forma de demonstrar indiferença; e o problema do soldado não consiste em um distanciamento excessivo ou inapropriado, mas talvez em um medo ou repulsa bem fundamentados. Certamente, uma crítica social séria não se encerra por aqui com questões sobre a psicologia dos indivíduos em dadas situações, mas também se perguntará: como o soldado chegou a esse posto de controle? Quem treinou o espião?

De que maneira, por quais razões e sob que circunstâncias as convicções fortemente estabelecidas chegaram a ser formadas? Não vejo como a consciência do fato de todo conhecimento estar enraizado em última instância no "pensamento qualitativo" ou no engajamento prático com o mundo nos ajudará a explicar, compreender, criticar e alterar qualquer ponto a respeito desses casos.

John Dewey, para voltar ao lugar de onde comecei, pensava que a psicologia moral enquanto disciplina era inerentemente reacionária, uma tentativa de inventar um discurso ilusório sobre entidades metafísicas imaginárias a ponto de defender estruturas sociais altamente desiguais; a ética era a proteção dos privilégios existentes contra o novo e contra as carências prementes da maioria. Uma sociedade progressista seria aquela que apoia a pesquisa científica séria, institui laboratórios e bibliotecas, encoraja as artes e provê espaço para uma variedade de experimentos com diferentes formas de vida; uma sociedade em fase de regressão constrói novas prisões, postos policiais, escolas de direito e fomenta cadeiras de filosofia moral. Para Dewey, então, a teoria social politicamente progressista não podia ser moralizadora. Continuo convencido da importância do projeto de tentar eliminar tais palavras como "o mal" de nosso vocabulário moral, sobretudo de nosso vocabulário político, e cultivar uma forma não moralizadora de crítica social global. Infelizmente, não acredito que o reconhecimento sirva de base para tal forma de crítica.

O meio escorregadio

Jonathan Lear

Eu gostaria de agradecer à Tanner Foundation e aos membros do Tanner Committee em Berkeley por nos reunir e me convidar para comentar as aulas fascinantes de Axel Honneth. E gostaria de agradecer a Honneth: como todos nós acabamos de ouvir, essas aulas são a um só tempo sérias e imaginativas. Há tanto nelas que provocam o pensamento que estou genuinamente agradecido de estar aqui. Quaisquer que sejam as tendências reificadoras que possam se esconder em minhas práticas, eu não sou o comentador que confundiu seu convite com um chapéu.[1]

Entretanto, parece-me que a tarefa de um comentador consiste em enfrentar uma questão difícil: eu realmente fui persuadido pelo argumento de Honneth? Se sim, por quê? Caso não, por que não? Em último caso, eu não fui persuadido e vou

---

1 O autor faz uma referência subjacente ao livro *O homem que confundiu sua mulher com um chapéu*, do neurologista Oliver Sacks. (N. T.)

explicar a razão. Em poucas palavras, o problema central pode ser chamado de o problema do meio escorregadio. Três termos cruciais para Honneth são *reconhecimento, cuidado* e *reificação* – mas todos eles são polivalentes. Cada um deles elege uma porção de fenômenos que têm em comum uma semelhança de família na melhor das hipóteses. Em um esboço bastante grosseiro, se alguém tem um argumento silogístico – "Todos os As são B; todos os Bs são C; portanto, todos os As são C" –, então é preciso ter certeza que o termo médio B elege a mesma coisa em ambas as premissas. De outro modo, haverá somente uma aparência de validade. Mas suspeito que "reconhecimento" e "reificação" são ambíguos, permitindo um certo deslizamento no termo médio. Como resultado, obtemos conclusões que são mais fortes do que a evidência ou os argumentos corroboram.

Honneth abarca uma ampla variedade de teorias, mas cada uma é utilizada de modo a ilustrar uma versão secularizada do caso. Ou seja, há alguma condição prévia – e essa condição pode ser histórica ou caracterizada por uma psicologia individual do desenvolvimento, ou ainda uma antecedência atemporal conceitual ou ontológica – que em cada caso é boa em algum sentido. Podemos nomear essa condição prévia de *reconhecimento* ou *cuidado*. Mas então há uma disrupção ou distorção dessa condição prévia. Haverá obviamente diferentes interpretações dessa disrupção ou distorção dependendo se a narrativa é, digamos, da crítica social, da psicologia do desenvolvimento ou de uma ontologia fundamental. Para Lukács, por exemplo, a força de distorção era o capitalismo. Agora estamos diante de uma condição piorada – vamos chamá-la de *reificação*. Nessa condição piorada, interpretamos sistematicamente em sentido errado nós mesmos, os outros e o mundo em que habitamos.

Essa interpretação errada não é apenas cognitiva; ela é emotiva e abrangente: afeta todos os aspectos da vida. Contudo, precisamente porque nossa condição atual é uma queda[2] – um afastamento (ativo ou passivo) da condição prévia que era boa –, podemos reconhecer lampejos daquela condição prévia mesmo em suas distorções. Portanto, há uma espécie de esperança redentora de que podemos reaver um sentido daquela condição prévia boa – reconhecimento – e levá-la adiante em direção a um futuro melhor. Quando Honneth oferece sua própria interpretação da reificação, ele a caracteriza como uma espécie de esquecimento. Isso nos dá a esperança de recordar algo que havíamos esquecido; o que, por definição, nos faria superar a má condição da reificação.

Agora, ao dizer que todas essas diferentes narrativas possuem a estrutura da queda, não pretendo com isso impugná-las. Talvez nossa condição se adapte a essa estrutura. Mas ver as narrativas desse modo deveria nos alertar para um risco ocupacional. Haveria uma tendência em toda teoria que pressupõe essa estrutura de atribuir bondade demais a essa condição prévia. Pois essa bondade prévia não deveria apenas nos ajudar a reconhecer e criticar nossa má condição do presente; ela deveria validar alguma imagem de como podemos ir adiante. A pretensão de legitimidade da condição posterior se baseia em parte nessa pretensão de ser herdeira da bondade original da condição prévia. Podemos involuntariamente estar atribuindo muita bondade a essa condição prévia?

Penso que a resposta seja basicamente "sim". Como Honneth tem falado sobre a psicologia do desenvolvimento, eu

---

2 Aludindo ao sentido cristão da queda como "pecado original". (N. T.)

gostaria de usá-la como exemplo. Mas uma versão do meu problema surgirá para cada uma das versões da narrativa de Honneth. Deixem-me imediatamente endossar sem reservas a declaração de Honneth segundo a qual as capacidades infantis para o reconhecimento são decisivas para o desenvolvimento. Realmente acho que a literatura sobre o desenvolvimento infantil apoia as declarações de Honneth mais do que ele pensa. Ele escreve: "Parece prevalecer uma tendência em favor do cognitivismo entre a maior parte das tentativas de esclarecer o surgimento das atividades intelectuais a partir da relação comunicativa com a pessoa de referência". Essas teorias cognitivistas, afirma Honneth, tendem a "[ignorar] o lado emocional da relação entre a criança e sua pessoa de referência" (p.63). Mas há uma vasta literatura sobre o desenvolvimento da criança – para dar um exemplo, as teorias da vinculação na Inglaterra e nos Estados Unidos – que seguiram o trabalho de John Bowlby que remete aos anos 1950; o trabalho sobre psicanálise infantil que remete a Anna Freud e Melanie Klein já na década de 1920; sem mencionar o trabalho de D. Winnicott sobre a relação entre mães e bebês – *todos* estes sublinham os aspectos emocionais do reconhecimento nas relações entre a criança e seu mundo emergente. Em termos de riqueza do trabalho contemporâneo, deixem-me mencionar apenas o de Peter Fonagy et al., *Affect Regulation, Mentalization, and Development of the Self* [Regulação do afeto, mentalização e desenvolvimento do *self*]. Esse livro é uma peça excepcional de pesquisa empírica que comprova os argumentos centrais de Honneth. Portanto, permitam-me concordar com Honneth que uma capacidade emotivamente carregada para o reconhecimento é uma parte crucial do desenvolvimento infantil.

Reificação

Mas mesmo aqui há um problema que teóricos sociais e filósofos tendem a deixar passar. Winnicott, um pediatra e psicanalista, argumentou em uma série de artigos maravilhosos durante as décadas de 1950 e 1960 que parte do que significa para a criança desenvolver sua capacidade para o reconhecimento tem a ver com sua capacidade *para odiar*. Na medida em que o bebê vai gradativamente reconhecendo que a mãe é ela mesma uma agente com seus próprios desejos e projetos, o bebê tem uma base cada vez maior para sentir ódio dela, para pensar em maneiras de manipulá-la, puni-la e então colocá-la sob seu controle. E a criança pode lançar mão de formas de compreensão do temperamento psicológico da mãe para atingir seus objetivos, as quais são sofisticadas em termos cognitivos e emocionais. Em suma, mesmo se aceitamos que a capacidade para o reconhecimento está presente desde a infância e que isso envolve processos emocionalmente carregados, não decorre disso ser necessário algum respeito pela autonomia do outro reconhecido. Ou pensemos do seguinte modo: uma criança pode "reconhecer a independência da mãe" ao encontrar formas psicologicamente cada vez mais sofisticadas de manipulá-la. Pretendo retornar depois ao problema do lugar da agressão no reconhecimento.

Mas agora, para os propósitos do argumento, eu gostaria de fazer uma distinção entre duas espécies de reconhecimento: primeiro, há o *reconhecimento como condição sine qua non* para absolutamente todo desenvolvimento real. Investigamos essa forma de reconhecimento quando perguntamos: qual é o mínimo de reconhecimento cognitivo e emotivo do ponto de vista dos outros que é exigido para o desenvolvimento da capacidade de pensar e falar simbolicamente, e para a habilidade de reconhe-

Axel Honneth

cer e seguir o estado mental dos outros? Em segundo lugar, há o *reconhecimento como paradigma* do desenvolvimento humano saudável. Nós nos indagamos sobre essa forma de reconhecimento quando perguntamos: quais capacidades para a compaixão, empatia e reconhecimento diante dos outros são exigidas em prol do bem-estar humano? Essas duas formas de reconhecimento, embora relacionadas, são diferentes em pontos importantes.

Penso aqui que o caso contrastante mais desafiador não é o autismo – discutido por Honneth –, mas certas formas de narcisismo. Existem alguns tipos de narcisistas que são extremamente bons em reconhecer que outras pessoas têm seus próprios pontos de vista, juntamente com suas próprias motivações, desejos e projetos. Essas pessoas podem ser encantadoras e, aparentemente, engajadas emocionalmente – certos políticos bem-sucedidos vêm à mente, bem como alguns tipos de sedutores e artistas burlescos. Essas pessoas podem usar a linguagem do reconhecimento carregada em termos emocionais: podem "sentir sua dor", encorajar você a "respeitar a diversidade dos outros"; na verdade, podem encorajar você a reconhecer os pontos de vista dos outros. A psicanalista Helene Deutsch falava da "personalidade como se": esse é um exemplo do apóstolo "como se" do reconhecimento. Para o tipo narcisista, tudo pode estar a serviço da gratificação de seus desejos. Essas pessoas de fato possuem notáveis habilidades sociais passíveis de reconhecimento, mas tais habilidades são empregadas tendo em vista tratar as pessoas como meios para seus fins.

Agora, podemos modificar a sentença e querer dizer que essas pessoas "tratam os outros como objetos". Certamente, seu comportamento não é louvável e está aberto a críticas. Mas não é claro que tenha existido qualquer traço de erro ontológico.

Reificação

Não é como se eles estivessem tratando as outras pessoas, digamos, como um carro que ficou sem combustível. Se quero que o carro ande novamente, não preciso considerar seus sentimentos, motivações ou projetos; não preciso pensar sobre o que ele pensa de mim; não tenho de enganá-lo ao fazê-lo pensar que seus projetos são meus projetos. Reconheço que o problema é puramente mecânico: se quero que o carro ande de novo, tudo o que preciso fazer é conseguir algum combustível. Mas se sou um narcisista talentoso, e realmente quiser reerguer a outra pessoa e fazê-la vir em minha direção, então preciso levar a humanidade em consideração. Perceberei que estou em um campo ontológico diferente daquele em que lido com meu carro. Eu devo prestar atenção aos desejos, expectativas e projetos dessa outra pessoa. Eu deveria ter me tornado muito bom em reconhecer a humanidade característica dos outros *porque quero usá-los!* Isso seria terrível, mas não se trata de um erro ontológico. Nem precisa envolver nenhum tipo de esquecimento de alguma capacidade prévia de reconhecimento. Isso só acontecerá se fundirmos o reconhecimento como condição *sine qua non* com o reconhecimento como paradigma de desenvolvimento.

Obviamente, há algum tipo de capacidade que falta a essas pessoas; elas possuem algum tipo de déficit de desenvolvimento. E chamamos tal déficit de déficit na capacidade de reconhecimento. Mas essa é uma capacidade de reconhecimento que é um paradigma de desenvolvimento. Trata-se da capacidade de reconhecimento que igualamos com o florescimento humano. Sem dúvida, aos narcisistas que estou descrevendo falta aquela capacidade de reconhecimento. Porém, essa capacidade de reconhecimento não era necessária para que eles se tornassem esse tipo de narcisistas. Nesse sentido de reconhecimento, não é necessário ter existido uma capacidade que outrora eles já tiveram e então perderam. Simplesmente não há evidência para isto. Essas pessoas estão usando e desenvolvendo as habilidades de reconhecimento que já tinham o tempo todo – mas não se trata justamente do que nós (corretamente) pensamos como um paradigma do florescimento humano.

É importante ter em vista que existem muitas espécies de relações caracteristicamente humanas – que remetem para muito antes da modernidade – envolvendo dominar os outros, humilhá-los, exercer superioridade sobre eles ou então subjugá-los. Essas são formas caracteristicamente humanas do *ser-com*. Por exemplo, o canibalismo. Guerreiros de tribos americanas nativas em certas ocasiões comeriam os corações de seus inimigos derrotados. Em certo sentido, trata-se de vingança cujo propósito é a intimidação – que são elas mesmas formas caracteristicamente humanas de reconhecimento –, mas também reconhecimento da valentia de seu oponente. Ao comer seus corações, espera-se que o guerreiro também esteja consumindo a valentia do outro e agora possua essa valentia dentro de si. Essas formas de comportamento podem ser vulneráveis a várias formas de crítica. Mas uma forma de crítica não é, penso eu, justificada por evidência: que todas essas formas de comportamento abarcam – e esquecem – formas de reconhecimento que tinham de estar presentes lá na infância. Nem há nenhuma evidência de que se cometeu um erro ontológico.

Honneth afirma que "a atitude do cuidado possui um primado não apenas ontogenético, mas também conceitual diante de uma apreensão neutra da realidade" – e aqui estou de acordo. Ele continua: "Parece-me possível fundamentar a tese de que,

Reificação

na autorrelação humana e na relação humana com o mundo, uma postura zelosa, que visa o reconhecimento, precede tanto ontogenética quanto categorialmente todas as outras atitudes" (p.54). Mais uma vez, penso que, em algum sentido dessas palavras, eu penso que ele está certo. Mas não penso que esse seja o sentido de que ele precisa. Para usar uma analogia nietzschiana, o leão faminto *cuida* do carneirinho que acabou de reconhecer – o leão certamente não tem uma atitude distanciada e neutra diante dele. E sua atitude de reconhecimento é maravilhosamente afirmativa, pois o leão de fato está respeitando o carneiro como um carneiro. O narcisista talentoso que tenho descrito é um predador que se encontra no topo da cadeia alimentar. Ele se *preocupa* com os seres humanos e certamente não adota uma atitude distanciada ou neutra em relação a eles. Ele assume uma "atitude afirmativa de reconhecimento" em respeito aos outros, de modo que os desejos, intenções, motivos e projetos dos outros de fato importam para ele – na verdade, realmente importam tanto em termos emocionais quanto cognitivos. Mas não importam para ele da mesma maneira que achávamos que deveriam valer. Se ficamos horrorizados com o seu comportamento chocante, podemos querer dizer que ele está tratando as outras pessoas como objetos; e, sob a influência de alguma teoria social, talvez queiramos dizer que ele os está "reificando". Mas não há evidência de que ele possuía uma capacidade de reconhecimento na infância que de algum modo se perdeu. Talvez certas formações societárias de fato encorajem a produção de tais tipos patológicos, mas se estamos procurando por uma interpretação social geral do que nós todos nos tornamos, então esse não parece ser o caso.

Axel Honneth

Penso ser importante que teóricos sociais e filósofos consultem as pesquisas levadas a cabo pela psicologia do desenvolvimento. Mas é importante também reconhecer o risco para qualquer um que queira construir o tipo de argumento que Honneth pretende fazer. Pois os psicólogos do desenvolvimento estão preocupados com o desenvolvimento. Isso pode soar como um truísmo, mas tem consequências importantes. Para reconhecer algo como desenvolvimento é necessária uma concepção dos fins (ou *telos*) em direção aos quais o desenvolvimento se dá. Isso é necessário mesmo se estamos acompanhando as anomalias de desenvolvimento. De maneira implícita ou explícita, haverá uma concepção de florescimento humano como um paradigma de desenvolvimento. Haverá uma concepção de bem-estar psicológico ou social nos termos em que o desenvolvimento está sendo avaliado. Assim, por exemplo, em termos de maturidade, de capacidades adultas para o reconhecimento dos outros, os psicólogos do desenvolvimento em geral não perguntarão: "Quais são as condições estritamente necessárias para o desenvolvimento da capacidade de reconhecer os desejos, projetos e preocupações das outras pessoas para que você possa melhorar a manipulação deles como meios para os seus fins?". Eles perguntarão: "Quais são as condições para o reconhecimento dos outros enquanto agentes independentes?". Ou seja, em geral, vão trabalhar com algum modelo de *reconhecimento como paradigma* de desenvolvimento mais do que com o *reconhecimento como condição sine qua non* de todo desenvolvimento possível. Ao usar esse paradigma mais rico de desenvolvimento, eles olharão para os antecedentes na infância e destacarão sua importância para o desenvolvimento. No que diz respeito a mim, está tudo bem. Mas precisamos ter em vista que o que

Reificação

estamos descobrindo são os antecedentes desse paradigma do reconhecimento como desenvolvimento. Não se segue que estamos descobrindo as condições necessárias para a possibilidade do reconhecimento dos seres humanos enquanto tais. E se estamos preocupados tão somente com os elementos necessários do reconhecimento humano na infância – ou seja, o reconhecimento como condição *sine qua non* –, seria melhor que existissem pessoas capazes disso; mesmo assim, elas não se encaixariam no paradigma do bem-estar humano nos termos do desenvolvimento. Eu considero que certas formas de narcisismo caberiam nesse perfil.

Assim, deve haver alguma forma de argumento que pareça muito plausível, ao menos superficialmente: o desenvolvimento infantil exige reconhecimento; o reconhecimento é exigido por todo o desenvolvimento; portanto, o reconhecimento deve estar presente na vida adulta. Desse modo, se algum aspecto do reconhecimento está faltando na vida adulta, ele deve de alguma maneira ter se apagado ou desfigurado durante o caminho. Nesse argumento, tudo depende de como estamos mudando entre *reconhecimento 1* (a capacidade necessária para o desenvolvimento da linguagem e de competências sociais básicas) e *reconhecimento 2* (as capacidades para o reconhecimento que são parte do florescimento humano). O mero fato de que o *reconhecimento 1* precisa estar presente desde a infância para que possamos nos desenvolver plenamente não nos dá razão para pensar que o *reconhecimento 2* tem de estar presente na vida adulta. Na verdade, podemos pensar corretamente que o *reconhecimento 2 deveria* estar na vida adulta; mas, se não está lá, então temos de procurar a razão de ele ter falhado em se desenvolver além das capacidades iniciais para o reconhecimento.

Axel Honneth

É possível também achar que essa falha está significativamente atada a certas condições sociais. Ou seja, podemos persistir com a falha no desenvolvimento da capacidade para o *reconhecimento 2*. Mas não se segue que uma pessoa já precisa ter exercido essas capacidades ou que então nunca teria adquirido linguagem, o conhecimento de objetos, ou a capacidade para reconhecer os outros no sentido do *reconhecimento 1*.

Deixem-me concluir com uma breve observação sobre a agressão humana, ou nossa capacidade para reconhecê-la. Para mim, há algo de desejável a respeito das críticas sociais como as de Lukács que Honneth discute – que cobre fatos pertinentes sobre os seres humanos. Pois se a teoria social estabelece alguma condição prévia que é boa – chamemos de "reconhecimento" ou "cuidado" – com alguma condição de queda – chamemos de "capitalismo" ou "mercantilização" ou "reificação" –, então há ao menos esperança de que, se superarmos essa condição intermediária, possamos restaurar ou, talvez, transformar aquela condição original boa, ou ainda retornar a ela. Mas e se uma tal condição original na verdade contivesse uma miscelânea de aspectos? Se não estivéssemos apenas preparados para ter empatia e compaixão diante dos outros, mas também nos comportássemos como animais gananciosos, competitivos, agressivos, invejosos e ciumentos? E se nossas capacidades desenvolvidas para o reconhecimento dos outros estivessem a serviço de *todas* essas necessidades? Embora a sociedade possa ter condicionado todos esses impulsos agressivos de maneiras diversas, quando se trata do simples fato da agressão – sua existência na vida humana –, *we keep on keep'n on* [seguimos continuando], para usar a memorável expressão de Bob Dylan.

Reificação

Ironicamente, Freud – escrevendo no mesmo momento que Lukács – apontou isso em relação ao comunismo. Ele o chamou de uma "ilusão insustentável" porque o comunismo teria defendido a esperançosa hipótese de que os seres humanos seriam basicamente bons e demonstrariam boa vontade em relação aos outros, mas que o único problema era que a propriedade privada ficava no meio do caminho. "A agressão não foi criada pela propriedade. Ela reinou quase sem limites em tempos primitivos, quando a propriedade ainda era muito escassa, já se mostra no berçário [e] forma a base de toda relação de afeto e de amor entre os seres humanos".[3] O que as pessoas fariam depois que a luta de classes tivesse sido superada? Encontrar alguma outra coisa pela qual lutar! É isso ao menos o que pensava Freud. Minha intenção aqui *não* é defender a perspectiva de Freud. É antes usar a visão de Freud para mostrar que há algo que esse tipo de crítica social tende a desconsiderar. Porque, *na qualidade de crítica social*, ela tende a localizar o problema em alguma formação ou deformação da sociedade – ou seja, reificação – e, ao nos encorajar a pensar que o problema reside *nisso*, somos desobrigados de olhar para os aspectos menos atrativos de nós mesmos. A ideia de que a organização da sociedade (e da cultura) pode configurar a psiquê humana – pode configurar as capacidades mais íntimas para o reconhecimento dos outros e inclusive nos fornecer uma "segunda natureza" – remete pelo menos a Platão e Aristóteles. Mas, por mais que essa ideia seja enriquecedora e verdadeira, ela também pode ser usada para nos confundir sobre nós mesmos. Se somos motivados a desviar o olhar de nossas próprias

---

3 Freud, Das Unbehagen in der Kultur, in: *Gesammelte Werke*, Bd. XIV, p.473.

Axel Honneth

tendências agressivas e conflitos, a teoria – seja a filosofia, a crítica social ou a psicologia – pode ser involuntariamente complacente em nos encorajar a pensar que o problema real não reside em nós, mas nas formações sociais existentes. Obviamente, isso não é razão suficiente para evitar a crítica social – Deus sabe que a injustiça social clama por reconhecimento e cuidado –, mas justifica, penso eu, ser cauteloso com certos usos de uma crítica social em larga escala.

Pós-escrito: Junho de 2006

Os comentários anteriores foram elaborados em resposta às Tanner Lectures de Honneth em Berkeley, que ocorreram em março de 2005. Nesse ínterim, Honneth revisou suas preleções para publicação, em parte em resposta às objeções de vários comentadores. Isso me parece admirável: seria uma pena se ele sentisse a necessidade de "reificar" seus pensamentos na sua forma original apenas para que os leitores pudessem ver como os comentários originais se aplicavam a eles. No entanto, decidi deixar os meus comentários na sua forma original por pensar que a estrutura básica das críticas ainda se aplica. Neste pós-escrito, eu gostaria de discutir rapidamente um novo exemplo como maneira de ilustrar o ponto mais geral que pretendo sublinhar.

Honneth se apropria da crítica de David Finkelstein sobre o modelo "detetivesco" da relação do sujeito com seus próprios estados mentais.[4] Nas palavras de Honneth: "O sujeito é considerado aqui um detetive que possui um saber privilegiado

---

4 Cf. Finkelstein, *Expression and the Inner*, op. cit.

Reificação

sobre seus próprios desejos e sentimentos e porque os procura ou 'descobre' em seu próprio mundo interior" (p. 102-103). Para ligar isso ao tópico central das preleções, "a ideia de uma possível autorreificação na teoria de Lukács", Honneth argumenta ser necessária apenas uma reinterpretação levemente modificada desse modelo. Não há razão, diz ele, para que o detetivismo não seja um indicador das "possíveis anomalias na autorrelação humana". Honneth sugere que entendamos o detetivismo como uma forma de crítica da ideologia. Sua sugestão é que o consideremos não como uma descrição deficiente do modo originário em que nos relacionamos com nossa vida mental, mas antes como uma descrição apropriada de um modo deficiente. "Não é difícil tornar plausível a mudança de perspectiva delineada no caso da abordagem 'detetivesca', que descreve a autorrelação segundo o padrão do processo de conhecimento: só precisamos imaginar uma pessoa que considera seus próprios desejos como algo sempre fixo que ela consegue descobrir e observar" (p.111). Em tal caso, Honneth diz que "o sujeito se relaciona com seus estados mentais como algo rígida e fixamente dado". Isso corresponde a um processo "de reificação do próprio *self*, porque [...] os estados mentais vividos interiormente são apreendidos segundo o padrão do objeto materialmente dado" (p.111).

Nesse caso, o termo médio escorregadio diz respeito às "possíveis deficiências na autorrelação humana". Essa sentença pode se relacionar a qualquer uma das seguintes condições:

(i) Uma condição ontológica deficiente. Nessa leitura, o *self* é constituído por suas autorrelações e, assim, uma deficiência na autorrelação envolve essencialmente uma deficiência na autoconstituição. Um exemplo de

Axel Honneth

tal deficiência poderia ser o de uma relação consigo mesmo como um mero objeto material e não como um *self*.

(ii) Uma história inadequada, e assim enganosa, que contamos a nós mesmos sobre nossa autorrelação.

(iii) Um fenômeno psicossocial doente. Por exemplo, uma personalidade extremamente rígida poderia ser ela mesma um produto de vários fatores sociais e culturais, contribuindo, por seu turno, para certa rigidez social.

Para que o argumento de Honneth funcione, (i), (ii) e (iii) teriam de se encaixar em conjunto de maneira completamente direta, mas Honneth não nos oferece razões para pensar que isso seja possível, e sou cético quanto a essa possibilidade.

O detetivismo de Finkelstein serve como um exemplo de (ii), e não há motivo para pensar que uma pessoa que endossa tal visão tenha de sofrer da condição (i) ou da (iii). Em particular, um ser humano bem constituído e decente, que seja consciente, sensível e envolvido com os outros pode, não obstante, nunca ter sido influenciado pelas contribuições da filosofia da mente do século XX. Ele pode ficar confuso quando se trata de (ii), mas estar em grande forma nos casos (i) e (iii). Contrariamente, não é necessário conhecer muitos filósofos para perceber que as pessoas com personalidades reificadas podem, apesar disso, estar em dia com suas leituras de Wittgenstein. Assim, é possível estar em grande forma quando se trata de (ii), mas em completa desordem no caso de (iii) ou mesmo de (i).

Honneth teria de mostrar que, se alguém aceita a interpretação detetivesca sobre os estados mentais na filosofia da mente, ele *com isso* "se relaciona com seus estados mentais

Reificação

como algo rígida e fixamente dado". Uma coisa não decorre da outra. Seria melhor dizer que a história que ele conta para si mesmo sobre como se relaciona com seus estados mentais não descreve com exatidão como realmente se relaciona com seus estados mentais. E mesmo que uma pessoa de fato tenha se relacionado com seus estados mentais como a interpretação detetivesca considerava verdadeiro, o resultado de Honneth ainda não se segue. Pois, nesse caso, "algo rígida e fixamente dado" funcionaria como o termo médio escorregadio. É verdade que, no modelo detetivesco, eu estaria buscando por estados mentais já existentes – nesse sentido, eles seriam "algo rígida e fixamente dado" –, mas não se segue que os estados mentais tenham de permanecer como são de uma maneira "rígida e fixamente dada". Esses estados mentais podem ser rapidamente transformados em respostas sensíveis a *inputs* advindos do mundo social. Na qualidade de pessoa sensível e eticamente sintonizada, que reconhece as outras pessoas com suas próprias necessidades, meus estados mentais poderiam muito bem estar se transformando rapidamente – e, como um detetive, eu estaria procurando descobrir quais são essas transformações.

Para concluir, penso que, embora o trabalho de Honneth sobre reconhecimento tenha uma importância ética e social, existem riscos ao se tentar inscrever esse trabalho dentro da tradição da crítica ontológica. Em primeiro lugar, há o risco de sonhar em voz alta. Parte da tentação da crítica ontológica é a ideia de que aquelas sociedades que merecem ser criticadas estão encorajando seus membros a se enganar completamente sobre a realidade. Se uma injustiça social está baseada no fato de que estávamos tratando as pessoas com algum outro tipo de categoria ontológica – uma não pessoa de um tipo ou de outro –, então essa crítica seria muito simplória. Porém, frequentemente, o problema não consiste no fato de não estarmos tratando as pessoas como pessoas, mas antes as estarmos tratando *muito mal* enquanto pessoas. Para compreender como e por que isso ocorre, o trabalho árduo que precisa ser feito é essencialmente ético em sua natureza, não ontológico. Em segundo lugar, como eu disse antes, há um risco de nostalgia: como se o mundo moderno tivesse levado a essa má relação ontológica. Sem dúvida, é um truísmo dizer que o mundo moderno (e pós-moderno) trouxe grandes oportunidades para o modo como vivemos, mas caracterizar essas transformações em termos de uma narrativa dominante sobre o colapso ontológico é correr o risco de reduzir forçosamente uma miríade de mudanças a uma narrativa nostálgica da queda. E, certamente, se olharmos para a vida humana pré-moderna, há muita evidência de que, naquela época, eles tratavam uns aos outros como se fossem coisas materiais.

Réplica

Axel Honneth

Para alguns pode parecer uma feliz coincidência, para outros a simples revelação das fraquezas evidentes de toda minha abordagem; em todo caso, é surpreendente ver que as três respostas apresentadas às minhas Tanner Lectures convergem em uma objeção: segundo Judith Butler, Raymond Geuss e Jonathan Lear, na minha tentativa de reatualizar a teoria da reificação de Georg Lukács, fui acusado de ter empregado uma antropologia demasiadamente otimista. Nas três contribuições, essa acusação de modo algum é feita de forma descuidada; pelo contrário, todos se esforçaram em grande medida pela precisão hermenêutica e pela equidade; e eu gostaria de usar esta oportunidade para agradecer de antemão aos autores pela benevolência e pelo engajamento com que se dedicaram às reflexões desenvolvidas em minhas preleções. Porém, apesar de toda a disposição, permanece o fato desagradável de que, ao final, nenhum dos comentadores realmente se convenceu da estratégia da minha reatualização; minha proposta de, nos

Axel Honneth

termos de uma ontologia social, partir da prioridade de uma espécie de reconhecimento elementar para depois interpretar a reificação como seu "esquecimento" ou negação, bateu de frente com a ressalva segundo a qual minha interpretação superestimou a simpatia intersubjetiva na situação inicial dos seres humanos. Em virtude da unanimidade dessa objeção, ficou claro para mim que negligenciei em minhas preleções o valor posicional da problemática da reificação com a finalidade de tornar suficientemente inteligível minha própria teoria do reconhecimento; apenas em uma única nota de rodapé (nota 19 na página 77) eu me referi a esse outro contexto, sem com isso, no entanto, desenvolver com mais clareza para um leitor leigo todas as conexões. Mas se encontrássemos o espaço apropriado para levar isso em consideração, de modo a realocar a ideia de um reconhecimento elementar no lugar que lhe foi destinado em minha arquitetônica, então estou convencido de que é possível mostrar que a censura contra um otimismo exacerbado é infundada; pois, no contexto de minha teoria do reconhecimento, a forma de reconhecimento deveria se referir apenas a um pressuposto necessário de toda comunicação inter-humana, que consiste unicamente em experienciar os outros como seres humanos de uma maneira que não esteja completamente vinculada a implicações normativas ou até mesmo a atitudes positivas. Por essa razão, eu gostaria inicialmente em minha réplica de apresentar em poucos passos o quadro de referência em que deve ser inserida minha tentativa de elucidar o conceito de reificação (seções 1 e 2); somente então retornarei uma vez mais ao problema específico que, na opinião de todos os três comentadores, resulta quando entendemos a "reificação" como uma espécie de "esquecimento do reconhecimento" (seção 3).

Reificação

I

Quando decidi seguir Lukács e fazer da "reificação" o tema de minhas Tanner Lectures, eu tinha ao mesmo tempo o propósito de me ater de maneira mais estreita possível ao significado literal do conceito. Sob o termo "reificação" não pretendi, tal como em geral hoje se tornou comum no uso do conceito, limitar-me a compreender uma postura ou ação pela qual outras pessoas são "instrumentalizadas"; uma tal instrumentalização significa usar as outras pessoas como meio para fins puramente individuais e egoístas, sendo que aí não precisamos abstrair suas propriedades humanas, pelo contrário: na maioria das vezes serão até mesmo as capacidades especificamente humanas dessas pessoas que usaremos para, com sua ajuda, levar a cabo nossos próprios fins. Diferentemente da instrumentalização, a reificação pressupõe antes que não percebemos mais nas outras pessoas as propriedades que de fato as tornam exemplares da espécie humana: tratar alguém como "coisa" significa tomá-la como "algo", destituindo-a de todas as propriedades e capacidades humanas. A equiparação entre o conceito de reificação e o de instrumentalização só aconteceu com tanta frequência porque pensamos em "instrumentos" sobretudo como objetos materiais; mas perdemos de vista que o que permite aos seres humanos serem apropriados enquanto instrumentos para fins alheios são, na maior parte dos casos, suas propriedades especificamente humanas.

Naturalmente, ao me comprometer com o significado literal, ontológico, do conceito, o escopo do que pode valer como reificação no mundo social fica altamente restrito: os casos autênticos de reificação só acontecem quando algo, que

Axel Honneth

em si não possui nenhuma propriedade material, é percebido ou tratado como uma coisa. De início, certamente o exemplo da escravidão salta à vista a título de candidato para um tal tipo original porque, de acordo com a convicção de muitos historiadores sociais, a escravidão criou um sistema produtivo no interior do qual as forças de trabalho eram tratadas como meras coisas;[1] mas eu só retomarei a difícil questão da aplicação quando mais tarde retornar à proposta do próprio Lukács. Aqui eu gostaria primeiro de continuar investigando como podemos determinar adequadamente o conceito de reificação. Uma vez que nos comprometemos com o significado literal do conceito, não podemos mais simplesmente apelar às normas morais com a finalidade de condenar a reificação; enquanto podemos criticar as formas de instrumentalização de outras pessoas ao demonstrar em que medida elas violam princípios morais universalmente reconhecidos, a crítica da reificação exige antes que façamos uma distinção ontológica entre formas "apropriadas" e "impróprias" de interação com as pessoas. De fato, também podemos simplesmente dizer, com base em argumentos morais, que não devemos tratar os seres humanos como coisas, mas isso não parece levar em conta o peso ontológico do conceito de reificação: alguém que reifica os seres humanos não atenta meramente contra uma norma, como comete um erro mais fundamental porque viola as condições elementares que subjazem ao nosso próprio discurso sobre a moral. Se nos fixarmos ao significado literal, devemos compreender, sob reificação em sentido negativo, um atentado contra pressuposições necessárias de nosso mundo da vida

---

1 Cf., por exemplo, Meillassoux, *Anthropologie der Sklaverei*.

Reificação

social; e, nesse ponto, surge a coação conceitual de nos atermos às condições sob as quais uma interação entre sujeitos humanos pode ser adequadamente considerada nos termos de uma ontologia social.

No entanto, sérios limites se impõem a partir de dois lados à tarefa de nos manter comprometidos com tais condições, limites que precisam ser considerados desde o início: de um lado, só podemos nos orientar por critérios que sejam suficientemente gerais e formais, não nos deixando influenciar por preconceitos culturais específicos; ao mesmo tempo, porém, as determinações básicas não devem ser tão esvaziadas de substância a ponto de ser impossível circunscrever o conteúdo fenomenológico do que em contraste deve significar "reificação". Na tentativa de encontrar o meio correto entre essas duas exigências, eu havia me orientado de início pela formulação empregada por Lukács. Em uma das passagens de seu texto, Lukács havia equiparado a reificação com uma postura de olhar desinteressado, de mera observação, de modo que uma atitude de engajamento existencial podia emergir como a forma originária, "intacta", de relação humana com o mundo. Sobre a primazia do engajamento diante da apreensão neutra, do envolvimento diante da relação distanciada, foram encontradas referências adicionais em alguns escritos de Heidegger e Dewey. Eles pretenderam mostrar – um deles com o conceito de cuidado e o outro com o conceito de experiência qualitativa – que no mundo da vida humana a atitude de engajamento sempre precede a observação meramente desinteressada de pessoas ou estado de coisas. Eu, naturalmente, também poderia ter recolhido outras evidências para essa tese de uma ontologia social das análises fenomenológicas de Sartre ou Merleau-

Axel Honneth

-Ponty.[2] Em todo caso, tirei da massa dos resultados obtidos na história da teoria a consequência que suscitou ceticismo por parte de todos os meus três comentadores: na relação dos seres humanos com seu mundo, o reconhecimento antecede o conhecimento de tal modo que devemos compreender a reificação como um atentado contra essa ordem de precedência. No entanto, as dúvidas que são levantadas em suas respostas atingem menos essa própria prioridade e mais as implicações do conceito utilizado de reconhecimento: no que diz respeito aos seres humanos, o que se pressupõe de premissas otimistas ou de orientações normativas ao se afirmar que sempre nos relacionamos com os outros sujeitos em uma "atitude de reconhecimento"? Posso responder essa questão apenas se explicar qual lugar um tal conceito de reconhecimento deveria assumir em uma teoria da intersubjetividade humana.

2

Por certo, a proposta de restituir o conteúdo semântico de categorias como "engajamento" ou "cuidado" com a ajuda de um conceito de reconhecimento elementar foi motivo de ponderações por parte de meus comentadores; sobretudo Raymond Geuss manifestou dúvidas se esse tipo de tradução é realmente justificável. Contudo, as considerações que me

---

2 No caso de Sartre, cf. categorias como "relação de interioridade", "afecção" ou "solidariedade ontológica" (Sartre, *Das Sein und das Nichts*, op. cit., p.329 em nota, p.422, p.445). Para as categorias de Merleau-Ponty, cf. "comunicação" ou "engajamento" (Merleau-Ponty, *Phänomenologie der Wahrnehmung*, Segunda Parte, cap.IV, p.397-418).

Reificação

levaram a dar esse passo apenas aparentemente tinham uma natureza teórica estratégica; de fato procurei encontrar uma terminologia que mantivesse uma continuidade com meus trabalhos anteriores de teoria do reconhecimento, porém, no essencial, tratou-se de iluminar os fatos a que Lukács, Heidegger e Dewey se referiam. Se nos perguntarmos o que atitudes como engajamento, cuidado ou afecção têm em comum, vamos notar em primeiro lugar que são todas expressão de importância existencial que um objeto possui para um sujeito: preocupamo-nos apenas com aqueles eventos, somos afetados apenas por aqueles acontecimentos que, no modo como compreendemos nossa vida, têm relevância direta e imediata. Daí não podermos deixar de reagir aos fatos que nos "afetam" desse modo: tudo o que sempre nos concerne existencialmente acaba nos compelindo a nos comportar de certa maneira. Somente propus conceber essa forma de significância existencial como resultado de uma forma prévia e muito elementar de reconhecimento: reagimos a determinados fenômenos em nosso mundo da vida com uma receptividade existencial porque, diante deles, adotamos uma postura em que os aceitamos como o outro de nós mesmos. Eu gostaria de propor junto com Cavell[3] que esse reconhecimento prévio se revela no fato de que não podemos nos abster de tomar posição.

Como essa formulação deixa clara, essa forma de reconhecimento não contém nenhuma norma de consideração positiva ou de respeito, nem devemos pensar que aqui são pressupostos

---

3 Cavell, *Wissen und Anerkennen*, op. cit., p.34-75.

Axel Honneth

determinados sentimentos que possuam um caráter positivo, benevolente. Quando utilizei em minhas Tanner Lectures expressões como "engajamento afetivo" (p.67) ou "identificação prévia" (p.66 e 76), elas foram apenas uma tentativa (talvez inapropriada) de chamar a atenção para o caráter não epistêmico desse tipo de reconhecimento: o que se efetua nisso, o que constitui o seu caráter peculiar, é que assumimos diante do outro uma postura bastante afetiva na medida em que podemos reconhecer nele o outro de nós mesmos, nosso próximo. Foi por isso também que eu quis distinguir essa forma de reconhecimento elementar do que frequentemente hoje é descrito na discussão filosófica como a perspectiva do participante: a postura que tenho em mente precede mesmo essa perspectiva porque ela representa a condição não epistêmica para nossa capacidade de nos orientar pelas razões dos outros. Algumas das objeções à minha argumentação levantadas por Judith Butler parecem ter surgido por ela ter negligenciado essa distinção: enquanto ela acredita que eu igualei o reconhecimento elementar com o que se chama de perspectiva do participante, na verdade eu quis tentar mostrar que só podemos assumir a perspectiva do outro *depois* que reconhecemos previamente no outro uma intencionalidade que nos é semelhante – não se trata aqui de um ato racional, de uma tomada de consciência de razões qualquer que fosse sua natureza, mas da efetuação pré-cognitiva da adoção de uma determinada postura.

No entanto essa própria postura não possui, como dito, uma orientação normativa; ela certamente nos impele para algum tipo de tomada de posição, mas cuja direção ou coloração de modo algum estão dadas previamente. Amor e ódio, ambivalência e frieza, todos podem ser formas de expressão

Reificação

daquele reconhecimento elementar uma vez que se deixam ver como modos de afecção existencial. Portanto, esse tipo de reconhecimento se encontra ainda longe daquele limiar além do qual em geral é possível falar de normas e princípios de reconhecimento recíproco. Na medida em que incorporam as instituições sociais da honra tradicional, do amor moderno e do direito igual, tais formas normativamente plenas de conteúdo representam antes "preenchimentos" históricos do esquema existencial da experiência que é revelado pelo reconhecimento elementar. Sem a experiência de tratar os outros indivíduos respectivamente como um próximo não teríamos condições de prover esse esquema da experiência com valores morais que controlam ou restringem nossas ações; pois primeiro o reconhecimento elementar precisa ser efetuado, ou seja, temos de nos engajar existencialmente em relação ao outro antes de podermos aprender a nos orientar por normas de reconhecimento que nos compelem a formas determinadas de consideração ou benevolência. Para a arquitetônica da minha própria teoria do reconhecimento, resulta daí que preciso antecipar às formas de reconhecimento diferenciadas até agora[4] um estágio de reconhecimento que represente uma espécie de condição transcendental: o reconhecimento dos outros como nossos próximos, que se realiza de maneira espontânea e não racional, forma um pressuposto necessário para que possamos nos apropriar de valores morais à luz dos quais reconhecemos aqueles outros

---

4 Cf. Honneth, *Kampf um Anerkennung*, op. cit., seção 2, cap.5; idem, Umverteilung als Anerkennung: eine Erwiderung auf Nancy Fraser, in: Fraser; Honneth, *Umverteilung oder Anerkennung? Eine politisch--philosophische Kontroverse*, p.129-224, principalmente p.167-77.

Axel Honneth

de um modo determinado, normativo.[5] No que antes descrevi como "preenchimento" do esquema existencial do reconhecimento, imagino que os indivíduos aprendem no processo de sua socialização a internalizar as normas de reconhecimento culturalmente específicas; desse modo, eles enriquecem gradualmente a representação elementar do próximo, que desde cedo lhes é habitualmente disponível, com os valores específicos que são incorporados nos princípios de reconhecimento vigentes em sua sociedade. São tais normas internalizadas que regulam como os sujeitos interagem de maneira legítima uns com os outros nas diferentes esferas de relações sociais: quais expectativas levanto perante o outro, quais deveres tenho de cumprir diante dele, em que tipo de comportamento devo me fiar ao me relacionar com ele – tudo isso resulta, em última instância, da orientação por princípios tornada evidente, os quais estabelecem institucionalmente em quais aspectos (avaliativos) precisamos nos reconhecer reciprocamente em conformidade com as relações que existem entre nós. Tomados em conjunto, esses princípios de reconhecimento formam a cultura moral de uma determinada época do desenvolvimento social; sem dúvida, se consideramos o grau de internalização e

---

5 É interessante nesse contexto a tentativa de John Searle de remeter a intencionalidade individual à intencionalidade coletiva, que, por sua vez, deve estar ancorada em um "sentimento" (*sense*) de coexistência ou de cooperação. Cf. Searle, *Die Konstruktion der gesellschaftlichen Wirklichkeit: zur Ontologie sozialer Tatsachen*, p.33-6. Estou convencido de que também o que direi em seguida sobre o "preenchimento" institucional do esquema existencial fundamental do reconhecimento pode ser bem traduzido no sentido da análise da criação de fatos institucionais empreendida por Searle.

Reificação

de habituação de tais normas, podemos até mesmo dizer que elas representam a "segunda natureza" de uma sociedade.[6]

3

Mas com essas considerações sobre o conteúdo normativo do reconhecimento ainda estamos muito distantes do tema da "reificação". Atentados contra as normas, que derivam dos princípios (institucionalizados) de reconhecimento recíproco, representam claramente violações morais: pois, assim, não reconhecemos uma pessoa no modo como exige a moral intersubjetiva que regula as relações existentes entre nós. É possível dizer também que os sujeitos podem empreender esforços moralmente legítimos para ampliar tal moral do reconhecimento de acordo com seus princípios fundamentais: nesse tipo de caso, estamos diante de uma luta por reconhecimento que apela para o conteúdo excedente de uma norma de reconhecimento.[7] Mas todos esses casos não tocam no fenômeno que deveria ser descrito com o conceito de reificação (em sentido literal), pois a reificação denota antes um caso social acima de tudo improvável em que um sujeito não apenas viola as normas existentes de reconhecimento, mas percebe e trata o outro não mais como um próximo. Na reificação, é anulado aquele reconhecimento elementar, o qual em geral assegura

---

6 Retiro o sentido em que emprego aqui esse conceito da obra de McDowell, *Geist und Welt*; cf. minha discussão em Honneth, Zwischen Hermeneutik und Hegelianismus: John McDowell und die herausforderung des moralischen Realismus, in: *Unsichtbarkeit: Stationen einer Theorie der Inersubjektivität*, p.106-37.

7 Cf. Honneth, Umverteilung als Anerkennung, op. cit.

205

que experimentemos existencialmente cada ser humano como o outro de nós mesmos; queiramos ou não, nós lhe concedemos de maneira pré-predicativa uma autorrelação que partilha com nossa própria autorrelação o fato de estar afetivamente orientada para a realização de fins pessoais. Na ausência desse reconhecimento prévio, se não mais nos envolvemos existencialmente com o outro, então o tratamos de repente apenas como um objeto inanimado, uma mera coisa; e o maior desafio para a tentativa de reabilitar a categoria de reificação reside na dificuldade de explicar a condição de possibilidade de uma tal supressão do reconhecimento elementar.

Na tentativa de encontrar uma solução para esse problema, de início me orientei uma vez mais pela proposta de Lukács. Não que sua abordagem desfrutasse de transparência suficiente; no geral, Lukács na verdade apenas indica como ele mesmo compreende que os sujeitos poderiam perder uma forma de referência com o mundo que, também para ele, é constitutiva de toda espécie de sociabilidade. Mas o núcleo de sua proposta, a saber, considerar o efeito duradouro de um determinado tipo de práxis altamente unilateral como causa para a supressão mencionada, ainda me parece oferecer a chave correta: diferentemente de Heidegger, que remete vagamente a dominância do esquema do ser-previamente-dado [*Vorhandenheit*] a uma mudança anônima de nossas representações ontológicas básicas, Lukács explica a propagação social da reificação com as coerções da abstração que são impostas pela participação constante na troca capitalista de mercadorias. Nessa proposta, convenceu-me desde o início menos o conteúdo que a forma; parecia-me menos plausível concluir que da mera atividade da troca de mercadorias se seguia diretamente uma postura rei-

Reificação

ficadora (cf. Capítulo VI), pois seria muito mais promissor conceber um tipo determinado de práxis duradoura, exercida de modo rotineiro, como causa social da reificação. A conclusão a que acreditei poder chegar a partir da abordagem de Lukács consistia correspondentemente em uma hipótese ainda vaga sobre a etiologia social da reificação: os sujeitos podem então "esquecer" ou posteriormente aprender a evitar aquele reconhecimento elementar, que em geral manifestam de início perante outros seres humanos, se participam permanentemente em uma forma bem unilateral de práxis que exige abstrair as propriedades "qualitativas" das pessoas humanas. Ainda hoje, não estou totalmente certo se essa explicação apresenta de fato um acesso adequado ao problema enunciado; por outro lado, eu não sabia indicar uma alternativa para tornar plausível de que maneira uma atitude culturalmente tão arraigada como a do reconhecimento elementar (de nossos próximos) ainda pode ser posteriormente anulada em determinados casos. Naturalmente, tanto as práticas que devem ser responsáveis pelo "esquecimento do reconhecimento" quanto os casos sociais em que tal esquecimento se manifesta necessitam de outra explicação. E aqui, nesta minha réplica às objeções, eu gostaria de tentar fazer, em relação a esses dois pontos, apontamentos mais precisos do que me foi possível em minhas preleções.

Provavelmente o exemplo do jogador de tênis, que utilizei nas minhas preleções para o esclarecimento de uma práxis unilateralizante, foi uma escolha infeliz; em seu todo, ele não resulta de modo nenhum na consequência da reificação e, por isso, é até enganoso. Para mim, tratava-se basicamente da exposição de um caso em que o fim de uma ação pode se autonomizar de tal modo em relação a seus motivos constitutivos que,

Axel Honneth

no final, a atenção com o parceiro de cooperação se esvanece completamente; o que deveria ter permanecido no centro do exemplo era o mecanismo pelo qual a autonomização de um fim único da ação pode levar à extinção de todas as referências prévias em relação ao mundo. Essa suposição é necessária porque apenas com sua ajuda é possível explicar em que medida a realização de um tipo determinado de práxis pode levar no longo prazo a um "esquecimento" do reconhecimento previamente efetuado. Contudo, diferentemente do caso inofensivo que utilizei, aqui o fim da práxis precisa ser alcançado de tal modo que sua autonomização possa realmente obrigar a uma separação de todas as referências sociais originárias e, com isso, produzir formas de reificação. Talvez aqui as ações de guerra, tal como nos são apresentadas em filmes e romances, formem um exemplo melhor: nesses contextos, é frequente ver ou ler como no curso dos acontecimentos a busca pelo aniquilamento do oponente se autonomiza até um ponto em que mesmo a percepção das pessoas não diretamente envolvidas (crianças, mulheres) vai perdendo paulatinamente aquela atenção para seus traços qualitativamente humanos; ao final, todos os membros dos grupos presumivelmente considerados inimigos são tratados meramente como objetos inanimados e materiais, diante dos quais a morte ou a violação são justificadas sem dificuldade. Penso que seria enganoso considerar esse tipo de reação como uma forma de tomada de posição em relação à humanidade do outro. Pelo contrário, aqui cada vestígio de ressonância existencial parece se apagar tão completamente que não devemos falar de indiferença emocional, mas sim de "reificação".

Reificação

Esse exemplo torna claro que meu discurso sobre a autonomização dos fins por mera observação foi muito impreciso; nem toda forma de práxis, em que a observação dos seres humanos se torna o único fim, já conduz à reificação porque, como se sabe, a observação pode estar a serviço da apreensão de propriedades especificamente humanas. Por conseguinte, para me livrar das justificadas objeções de Judith Butler, devo tornar mais preciso o critério com a ajuda do qual pretendo distinguir os fins daquelas práticas cuja autonomização conduz à reificação. Como ponto de partida desse ajuste, temos naturalmente de fazer uma distinção entre os fins cujas práticas de observação podem servir a um ou outro caso. O psicólogo do desenvolvimento, que observa o comportamento do bebê, reúne dados empíricos para ampliar nosso conhecimento sobre o amadurecimento de determinadas capacidades que, em geral, são acessíveis apenas na atitude de reconhecimento primário; em contrapartida, o soldado que observa o território inimigo está interessado em informações a respeito de onde poderia descobrir os perigos e obstáculos tendo em vista o aniquilamento militar do inimigo. Parece claro que apenas nesse segundo caso a autonomização dos fins por observação pode levar ao "esquecimento" daquele reconhecimento elementar que originalmente havia sido concedido a todos os seres humanos. No processo de autonomização, o objetivo de apenas obter dados para evitar perigos leva o observador a depois "esquecer" as qualidades inicialmente percebidas no oponente. Talvez possamos generalizar a partir de agora esse exemplo de que a autonomização de todas aquelas práticas pode levar à reificação intersubjetiva cuja execução bem-sucedida exige que se desconsiderem todas as propriedades humanas do próximo;

contudo, unicamente a efetuação de tal práxis não é suficiente, pois é necessário também que ela se torne habitual e rotineira para, no final, levar alguém a "esquecer" o reconhecimento original e apenas então de fato tratar o outro como uma mera coisa. Esta última formulação deve ajudar a evitar o círculo que, na definição das práticas que levam à reificação, consistiria em contrabandear todas as características que na verdade constituem primeiramente a reificação: nem toda postura cujo resultado conduziria à abstração de propriedades pessoais enquanto tal já geraria uma atitude reificadora; para que isso aconteça, é necessário que se exerça na forma de uma rotina evidente, porque esse tipo de hábito possui força suficiente para enfraquecer depois a atitude previamente assumida de reconhecimento.

No entanto, esses breves esclarecimentos já deixam claro quão improváveis são tais casos autênticos de reificação para o mundo da vida social em seu todo. Somente no decorrer da preparação de minhas Tanner Lectures, e em especial no recorte às discussões que se seguiram, tornou-se claro para mim que só podemos contar com uma negação efetiva do reconhecimento prévio em raras situações excepcionais, como que no ponto zero da sociabilidade. Sem dúvida, formas de reificação fictícia – casos em que as outras pessoas são tratadas *como se* fossem meras coisas – pertencem desde sempre às formas cada vez mais comuns de ação humana; tanto no caso da sexualidade quanto da crueldade, lidamos com várias situações em que parece que o outro não é nada senão um objeto a ser tratado como se quiser, mas essas formas de reificação recebem seu estímulo do fato de que, por baixo da superfície encenada, sempre permanece consciente a diferença ontológica que realmente existe

Reificação

entre pessoa e coisa.[8] Em contrapartida, nos casos originais de reificação, essa diferença cai no esquecimento: o outro não é meramente imaginado como uma coisa, mas se trata, decerto, de não reconhecer no outro um ser com propriedades humanas. Também a troca de mercadorias, que Lukács menciona como causa central para o surgimento de atitudes reificadoras, não me parece explicar o efetivo esquecimento do reconhecimento prévio: no geral, nesse caso, o fato de que ambas as partes se relacionam entre si com base em uma relação contratual na qualidade de pessoas de direito fala contra a possibilidade de reificação (cf. p.125 e ss.). Certamente seria bem diferente se as duas partes contratuais estivessem comercializando seres humanos que, por sua vez, não desfrutam de um *status* jurídico e, por isso, são tratados como meras mercadorias; nas formas modernas de escravidão, tal como hoje vemos, por exemplo, no tráfico humano vinculado à prostituição forçada, a rotina de práticas despersonalizadoras avançou a tal ponto que é possível falar sem mais de reificação.

Mas se me pergunto qual era o fenômeno que originalmente despertou meu interesse no tema da reificação, então tenho de responder que foi a dificuldade de interpretar o genocídio "industrial". Até hoje é difícil compreender como homens jovens puderam, aparentemente sem sentimento algum, matar centenas de crianças e mulheres judias com um tiro na nuca;[9] e elementos dessa prática horripilante são reencontrados em

---

8 Cf. Margalit, *Politik der Würde*, op. cit., cap.6, p.96-117.

9 Browning, *Ganz normale Männer: das Reserve-Polizeibataillon 101 und die "Endlösung" in Polen*.

Axel Honneth

todos os genocídios que marcaram o final do século XX. Se nós, enquanto seres humanos, relacionamo-nos uns com os outros por intermédio de um reconhecimento prévio, algo sobre o qual não tenho a menor dúvida, então tais formas insensíveis de execução e assassinato nos colocam diante da questão de saber como explicaríamos o desaparecimento, o "esquecimento" do reconhecimento previamente efetuado; e meu pequeno estudo deveria, não por último, ser uma tentativa de encontrar uma resposta para esse enigma antropológico do século XX.

Referências bibliográficas

ADORNO, Theodor W. Negative Dialektik. In: *Gesammelte Schriften*, 6. Frankfurt am Main: Suhrkamp, 1973. [Ed. bras.: *Dialética negativa*. Rio de Janeiro: Zahar, 2009.]

_____. Aforismo 99. In: *Minima Moralia*. Frankfurt am Main: Suhrkamp, 2001. p.292. [Ed. bras.: *Minima Moralia*. Trad. Luiz Eduardo Bicca. São Paulo: Ática, 1993.]

ANDERSON, Elizabeth. *Value in Ethics and Economics*. Cambridge: Harvard University Press, 1993.

APEL, Karl-Otto. *Die Erklären*: Verstehen-Kontroverse in transzendentalpragmatischer Sicht. Frankfurt am Main: Suhrkamp, 1979.

ARATO, Andrew; BREINES, Paul. *The Young Lukács and the Origins of Western Marxism*. Nova York: Seabury Press, 1979.

ARISTÓTELES. *Nikomachische Ethik*. Livro IX, cap.4 e 8.

BENJAMIN, Jessica. *Shadow of the Other*: Intersubjectivity and Gender in Psychoanalysis. New York: Routledge, 1998.

BIERI, Peter. *Das Handwerk der Freiheit*: Über die Entdeckung des eigenen Willens. München: Hanser, 2001. cap.10.

BOLLAS, Christopher. *In the Shadow of the Object*: Psychoanalysis of the Unthought Known. New York: Columbia University Press, 1987.

BRODKEY, Harold. *Unschuld*: Nahezu klassische Stories. Reinbek, Hamburg: Rowohlt, 1990.

BROWNING, Christopher. *Ganz normale Männer*: das Reserve-Polizei-bataillon 101 und die "Endlösung" in Polen. Reinbek, Hamburg: Rowohlt, 1993.

CARVER, Raymond. *Würdest du bitte endlich still sein, bitte*: Erzählungen. Berlin: Berlin Verlag, 2000.

CASTEL, Robert. *Die Metamorphosen der sozialen Frage*: eine Chronik der Lohnarbeit. Konstanz: Universitätsverlag Konstanz, 2000. [Ed. bras.: *As metamorfoses da questão social*. Trad. Iraci Poleti. Petrópolis: Vozes, 1998.]

CAVELL, Marcia. *Freud und die analytische Philosophie des Geistes*: Überlegungen zu einer psychoanalytischen Semantik. Stuttgart: Klett-Cotta, 1997.

CAVELL, Stanley. The Avoidance of Love. In: *Must We Mean What We Say?* Cambridge: Cambridge University Press, 1976. p.267-353.

_____. Wissen und Anerkennen. In: SPARTI, Davide; HAMMER, Espen (orgs.). *Die Unheimlichkeit des Gewöhnlichen*: und andere philosophische Essays. Frankfurt am Main: Fischer, 2002. p.34-75.

CERUTTI, Furio et al. *Geschichte und Klassenbewußtsein heute*: Diskussion und Dokumentation. Amsterdam: Verlag De Munter, 1971. [Schwarze Reihe, 12.]

DANNEMANN, Rüdiger. *Das Prinzip Verdinglichung*: Studie zur Philosophie Georg Lukács. Frankfurt am Main: Sendler, 1987.

DEMMERLING, Christoph. *Sprache und Verdinglichung*: Wittgenstein, Adorno und das Projekt der kritischen Theorie. Frankfurt am Main: Suhrkamp, 1994.

DENNETT, Daniel. *The Intentional Stance*. Cambridge: Cambridge University Press, 1987.

DEWEY, John. *Erfahrung und Natur*. Frankfurt am Main: Suhrkamp, 1995. cap.5.

_____. *Die Suche nach Gewißheit*. Frankfurt am Main: Suhrkamp, 1998.

_____. Affektives Denken (1926). In: *Philosophie und Zivilization*. Frankfurt am Main: Suhrkamp, 2003. p.117-24.

_____. Qualitatives Denken (1930). In: *Philosophie und Zivilization*. Frankfurt am Main: Suhrkamp, 2003. p.94-116.

Reificação

DORNES, Martin. Die emotionalen Ursprünge des Denkens. *WestEnd: Neue Zeitschrift für Sozialforschung*, v.2, n.1, p.3-48, 2005.

DREYFUS, Hubert. *Being-in-the-World*: a Commentary on Heidegger's Being and Time, Division I. Cambridge: MIT Press, 1991.

FEINBERG, Joel. The Natur and Value of Rights. In: *Rights, Justice, and the Bounds of Liberty*: Essays in Social Philosophy. Princeton: Princeton University Press, 1980.

FICHTE, Johann Gottlieb. Wissenschaftslehre. In: FICHTE, Immanuel Hermann (ed.). *Sämmtliche Werke*. v.1. Berlin: Veit & Co., 1845-1846. [Reed. Berlin: Walter de Gruyer, 1971.]

_____. Die Bestimmung des Menschen. In: FICHTE, Immanuel Hermann (ed.). *Sämmtliche Werke*. v.2. Berlin: Veit & Co., 1845-1846. [Reed. Berlin: Walter de Gruyer, 1965. p.165-321.]

FINKELSTEIN, David. *Expression and the Inner*. Cambridge: Harvard University Press, 2003.

FONAGY, Peter et al. *Affect Regulation, Mentalization, and Development of the Self*. New York: Other Press, 2000.

FOUCAULT, Michel. *Die Sorge um sich*: Sexualität und Wahrheit 3. Frankfurt am Main: Suhrkamp, 1986. [Ed. bras.: *História da sexualidade*. v.3. O cuidado de si. 5.ed. Rio de Janeiro: Paz e Terra, 2014.]

FRANKFURT, Harry. *Gründe der Liebe*. Frankfurt am Main: Suhrkamp, 2005.

FREUD, Sigmund. Das Unbehagen in der Kultur. In: *Gesammelte Werke*. v.XIV. Frankfurt am Main: Fischer, 1963. p.419-506. [Ed. bras.: *O mal-estar na civilização*. São Paulo: Companhia das Letras, 2011.]

GOLDMANN, Lucien. *Lukács und Heidegger*: Nachgelassene Fragmente. Darmstadt; Neuwied: Luchterhand, 1975.

HABERMAS, Jürgen. *Theorie des kommunikativen Handels*. 2v. Frankfurt am Main: Suhrkamp, 1981. [Ed. bras.: *Teoria do agir comunicativo*. São Paulo: Martins Fontes, 2012.]

_____. Was heißt Universalpragmatik? In: *Vorstudien und Ergänzungen zur Theorie des kommunikativen Handels*. Frankfurt am Main: Suhrkamp, 1984. p.353-440.

Axel Honneth

HABERMAS, Jürgen. Individuierung durch Vergesellschaftung: zu George H. Meads Theorie der Subjektivität. In: *Nachmetaphysisches Denken*. Frankfurt am Main: Suhrkamp, 1988.

HABERMAS, Tilmann. *Geliebte Objekte*: Symbole und Instrumente der Identitätsbildung. Frankfurt am Main: Suhrkamp, 1999.

HAMMER, Espen. *Stanley Cavell*: Skepticism, Subjectivity, and the Ordinary. Cambridge: Polity; Malden: Blackwell Publishers, 2002. cap.3.

HEIDEGGER, Martin. *Sein und Zeit*. 2.ed. Tübingen: Max Niemeyer, 1967. [Ed. bras.: *Ser e tempo*. 10.ed. Petrópolis: Vozes, 2015.]

_____. Grundbegriffe der aristotelischen Philosophie. In: *Gesamtausgabe*. v.18. Frankfurt am Main: Klostermann, 2002.

HERMAN, Barbara. Ob es sich lohnen könnte, über Kants Auffasungen von Sexualität und Ehe nachzudenken? *Deutsche Zeitschrift für Philosophie*, v.43, n.6, p.967-88, 1995. doi: https://doi.org/10.1524/dzph.1995.43.6.967.

HERMANN, Judith. *Sommerhaus, später*: Erzählungen. Frankfurt am Main: Fischer, 1998.

HOBSON, Peter. *Autism and the Development of Mind*. Hove; Hillsdale: L. Erlbaum Associates, 1993.

_____. *Wie wir denken lernen*. Düsseldorf; Zürich: Walter Verlag, 2003.

HOCHSCHILD, Arlie Russell. *Das gekaufte Herz*: zur Kommerzialisierung der Gefühle. Frankfurt am Main; New York: Campus Verlag, 1990.

HONNETH, Axel. Dezentrierte Autonomie: Moralphilosophische Konsequenzen aus der Subjektkritik. In: *Das Andere der Gerechtigkeit*: Aufsätze zur praktischen Philosophie. Frankfurt am Main: Suhrkamp, 2000. p.237-54.

_____. *Disrespect*: the Normative Foundations of Critical Theory. Parte II: Morality and Recognition. Cambridge: Polity Press, 2007.

_____. Eine soziale Pathologie der Vernunft: zur intellektuelen Erbschaft der Kritischen Theorie. In: *Pathologien der Vernunft*: Geschichte und Gegenwart der Kritischen Theorie. Frankfurt am Main: Suhrkamp, 2007. p.28-56.

Reificação

HONNETH, Axel. Erkennen und Anerkennen: zu Sartres Theorie der Intersubjektivität. In: *Unsichtbarkeit*: Stationen einer Theorie der Intersubjektivität. Frankfurt am Main: Suhrkamp, 2003. p.71-105.

_____. *Kampf um Anerkennung*: zur moralischen Grammatik sozialer Konflikte. Frankfurt am Main: Suhrkamp, 1992. [Ed. bras.: *Luta por reconhecimento*. 2.ed. São Paulo: Editora 34, 2003.]

_____. *Kritik der Macht*. Frankfurt am Main: Suhrkamp, 1989. cap.9.

_____. Pathologien des Sozialen. In: *Das Andere der Gerechtigkeit*: Aufsätze zur praktischen Philosophie. Frankfurt am Main: Suhrkamp, 2000.

_____. Umverteilung als Anerkennung: eine Erwiderung auf Nancy Fraser. In: FRASER, Nancy; HONNETH, Axel. *Umverteilung oder Anerkennung?* Eine politisch-philosophische Kontroverse. Frankfurt am Main: Suhrkamp, 2005. p.129-224.

_____. Unsichtbarkeit: über die moralische Epistemologie von Anerkennung. In: *Unsichtbarkeit*: Stationen einer Theorie der Inersubjektivität. Frankfurt am Main: Suhrkamp, 2003. p.10-27.

_____. Zwischen Hermeneutik und Hegelianismus: John McDowell und die herausforderung des moralischen Realismus. In: *Unsichtbarkeit*: Stationen einer Theorie der Inersubjektivität. Frankfurt am Main: Suhrkamp, 2003. p.106-37.

HOUELLEBECQ, Michel. *Ausweitung der Kampfzone*. Berlin: Wagenbach, 1999. [Ed. bras.: *Extensão do domínio da luta*. 3.ed. Porto Alegre: Sulina, 2011.]

JAEGGI, Rahel. Der Markt und sein Preis. *Deutsche Zeitschrift für Philosophie*, v.47, n.6, p.987-1004, 1999. Disponível em: https://www.philosophie.hu-berlin.de/de/lehrbereiche/jaeggi/mitarbeiter/jaeggi_rahel/der-markt-und-sein-preis. Acesso em: ago. 2018.

_____. *Entfremdung*: zur Aktualität eines sozialphilosophischen Problems. Frankfurt am Main: Campus, 2005.

JAGGER, Elizabeth. Marketing the Self, Buying an Other: Dating in a Post Modern, Consumer Society. *Sociology. Journal of the British Sociological Association*, v.32, n.4, p.795-814, 1998.

JAMES, William. Über eine bestimmte Blindheit des Menschen. In: *Essays über Glaube und Ethik*. Gütersloh: Bertelsmann, 1948. p.248-70.

Axel Honneth

JAY, Martin. Georg Lukács and the Origins of the Western Marxism Paradigma. In: *Marxism and Totality*: the Adventures of a Concept from Lukács to Habermas. Berkeley: University of California Press, 1984. cap.2. Disponível em: http://shifter-magazine.com/wp-content/uploads/2015/04/martin-jay-on-lukacs-and-totality.pdf. Acesso em: ago. 2018.

JELINEK, Elfriede. *Die Klavierspielerin*. Reinbek, Hamburg: Rowohlt, 1983. [Ed. bras.: *A pianista*. São Paulo: Tordesilhas, 2011.]

KUHLMANN, Andreas. Menschen im Begabungstest: Mutmaßungen über Hirnforschung als soziale Praxis. *WestEnd: Neue Zeitschrift für Sozialforschung*, v.1, n.1, p.143-53, 2004.

LEAR, Jonathan. The Shrink Is in. *Psyque*, v.50, n.7, p.599-616, 1996.

LOHMANN, Georg. *Indifferenz und Gesellschaft*: eine kritische Auseinandersetzung mit Marx. Frankfurt am Main: Suhrkamp, 1991.

LORENZER, Alfred. *Sprachzerstörung und Rekonstruktion*. Frankfurt am Main: Suhrkamp, 1970.

LÖWY, Michael. *Georg Lukács*: from Romanticism to Bolshevism. Londres: New Left Books, 1979. Disponível em: https://thecharnelhouse.org/wp-content/uploads/2017/09/Michael-Lo%CC%88wy--Georg-Luka%CC%81cs-From-Romanticism-to-Bolshevism.pdf. Acesso em: ago. 2018.

LUKÁCS, Georg. Vorwort (1967). In: Geschichte und Klassenbewußtsein. In: *Werke*. v.2: Frühschriften II. 1.ed. Neuwied, Berlin: Hermann Luchterhand, 1968. [Prefácio de 1967]

_____. Geschichte und Klassenbewußtsein (1923). In: *Werke*. v.2: Frühschriften II. 1.ed. Neuwied, Berlin: Hermann Luchterhand, 1968. p.161-518.

_____. Die Verdinglichung und das Bewußtsein des Proletariats. In: Geschichte und Klassenbewußtsein. In: *Werke*. v.2: Frühschriften II. 1.ed. Neuwied, Berlim: Hermann Luchterhand, 1968. p.257-397.

MACKINNON, Catharine. *Feminism Unmodified*: Discourses on Life and Law. Cambridge: Harvard University Press, 1987.

MARGALIT, Avishai. *Politik der Würde*: über Achtung e Verachtung. Berlin: Fest, 1997

Reificação

MARGALIT, Avishai. *Politik der Würde*: über Achtung und Verachtung. Berlin: Suhrkamp, 2012.

MARX, Karl. Das Kapital. v.I. In: MARX, Karl; ENGELS, Friedrich. *Werke*. v.23. Berlin: Dietz, 1968. [Ed. bras.: *O capital. Livro I.* 2.ed. São Paulo: Boitempo, 2017.]

MATZNER, Jutta (org.). *Lehrstück Lukács*. Frankfurt am Main: Suhrkamp, 1974.

McDOWELL, John. *Geist und Welt*. Frankfurt am Main: Suhrkamp, 2001.

MEILLASSOUX, Claude. *Anthropologie der Sklaverei*. Frankfurt am Main: Campus, 1989. [Ed. bras.: *Antropologia da escravidão*. Rio de Janeiro: Jorge Zahar, 1995.]

MERCIER, Pascal [Peter Bieri]. *Nachtzug nach Lissabon*. München, Wien: Hanser, 2004. [Ed. bras.: *Trem noturno para Lisboa*. Rio de Janeiro: Best Bolso, 2014.]

MERLEAU-PONTY, Maurice. *Phänomenologie der Wahrnehmung*, Berlin: De Gruyter; Auflage, 1966. [Ed. bras.: *Fenomenologia da percepção*. 4.ed. São Paulo: Martins Fontes, 2011.]

NEUHOUSER, Frederick. *Fichte's Theory of Subjectivity*. Cambridge: Cambridge University Press, 1990.

NUSSBAUM, Martha. Verdinglichung. In: *Konstruktion der Liebe, des Begehrens und der Fürsorge*: drei philosophische Aufsätze. Stuttgart: Reclam, 2002. p.90-162.

RÖGGLA, Kathrin. *Wir schlafen nicht*. Frankfurt am Main: Fischer, 2004.

SACKS, Oliver. *O homem que confundiu sua mulher com um chapéu*. Trad. Laura Teixeira Motta. São Paulo: Companhia das Letras, 1997.

SARTRE, Jean-Paul. *Das Sein und das Nichts*: Versuch einer phänomenologischen Ontologie. Reinbek, Hamburg: Rowohlt, 1993. [Ed. bras.: *O ser e o nada*. 24.ed. Petrópolis: Vozes, 2011.]

_____. Überlegungen zur Judenfrage. In: *Überlegungen zur Judenfrage*. Reinbek, Hamburg: Rowohlt, 1994. p.9-91. [Ed. bras.: *A questão judaica*. São Paulo: Ática, 1995.]

SCHEUERMANN, Silke. *Reiche Mädchen*: Erzählungen. Frankfurt am Main: Schöffling, 2005.

Axel Honneth

SCHMITZ, Hermann. Gefühle als Atmosphären und das affektive Betroffensein von ihnen. In: FINK-EITEL, Heinrich; LOHMANN, Georg (orgs.). *Zur Philosophie der Gefühle*. Frankfurt am Main: Suhrkamp, 1993. p.33-56.

SEARLE, John. *Die Wiederentdeckung des Geistes*. Frankfurt am Main: Suhrkamp, 1996. p.195. [Ed. bras.: *A redescoberta da mente*. São Paulo: Martins Fontes, 2006.]

_____. *Die Konstruktion der gesellschaftlichen Wirklichkeit*: zur Ontologie sozialer Tatsachen. Berlin: Suhrkamp, 2011.

SEEL, Martin. *Adornos Philosophie der Kontemplation*. Frankfurt am Main: Suhrkamp, 2004.

_____. Anerkennede Erkenntnis: eine normative Theorie des Gebrauchs von Begriffen. In: *Adornos Philosophie der Kontemplation*. Frankfurt am Main: Suhrkamp, 2004. p.42-63.

SIMMEL, Georg. Philosophie des Geldes. In: *Gesamtausgabe*. v.6. Frankfurt am Main: Suhrkamp, 1989.

TAYLOR, Charles. Explanation and Pratical Reason. In: *Philosophical Arguments*. Cambridge: Harvard University Press, 1995. p.34-60.

TOMASELLO, Michael. *Die kulturelle Entwicklung des menschlichen Denkens*. Frankfurt am Main: Suhrkamp, 2002.

TUGENDHAT, Ernst. Schwierigkeiten in Heideggers Umweltanalyse. In: *Aufsätze*: 1992-2000. Frankfurt am Main: Suhrkamp, 2001. p.109-37.

_____. *Egozentrizität und Mystik*: eine anthropologische Studie. München: C. H. Beck, 2003.

WILKINSON, Stephen. *Bodies for Sale*: Ethics and Exploitation in the Human Body Trade. Londres: Routledge, 2003.

WINNICOTT, Donald. *Vom Spiel zur Kreativität*. Stuttgart: Klett-Cotta, 1989.

Índice onomástico

A

Adorno, Theodor W., 21, 24, 67, 69, 86-7, 93-5, 98-9, 153
Anderson, Elizabeth, 27
Apel, Karl O., 98n.1
Aristóteles, 44, 113, 189

B

Benjamin, Jessica, 160n.3
Bieri, Peter, 101, 105n.12, 113
Bollas, Christopher, 160n.3
Borch-Jacobsen, Mikkel, 155
Bowlby, John, 180
Brodkey, Harold, 25
Butler, Judith, 19, 132-3, 195, 202, 209

C

Carver, Raymond, 25
Castel, Robert, 123n.6
Cavell, Stanley, 44, 70-7, 79-80, 82, 86, 91, 136, 173n.6, 201
Cerutti, Furio, 24n.4

D

Dannemann, Rüdiger, 31n.1
Davidson, Donald, 62-3
Demmerling, Christoph, 29-30n.12
Dennett, Daniel C., 51n.9
Deutsch, Helene, 182
Dewey, John, 43-4, 54-60, 68, 70, 75, 77, 82, 86, 92-3, 103, 136, 163, 166, 173, 176, 199, 201
Dornes, Martin, 65n.6, 66, 150n.2
Dreyfus, Hubert L., 50n.8, 53n.11
Durkheim, Émile, 167
Dylan, Bob, 188

E

Engels, Friedrich, 33n.2

F

Fichte, Johann Gottlieb, 39-40, 47, 139, 165-6
Finkelstein, David H., 102, 105, 108n.16, 190, 192

Fonagy, Peter, 180
Frankfurt, Harry G., 110
Freud, Anna, 180
Freud, Sigmund, 62, 110, 142, 189

G
Geuss, Raymond, 19, 132, 152, 163, 195, 200
Goldmann, Lucien, 44n.3

H
Habermas, Jürgen, 41n.17, 51n.9, 84
Habermas, Tilmann, 98-9n.2
Hammer, Espen, 71n.11
Hegel, Georg Wilhelm Friedrich, 39, 54, 134, 139-40
Heidegger, Martin, 43-57, 60, 68, 70, 75-7, 80-2, 92-3, 100, 103, 109, 136, 166-7, 173-5, 199, 201, 206
Herman, Barbara, 122n.4
Hermann, Judith, 112n.20
Hobson, Peter, 63-7, 91, 150n.2, 157, 159
Hochschild, Arlie R., 26n.6
Hölderlin, Friedrich, 167n.3

J
Jaeggi, Rahel, 20, 25-6n.5, 27n.10
James, William, 98
Jelinek, Elfriede, 25-6

K
Kant, Immanuel, 122n.4
Klein, Melanie, 142, 180

L
Laplanche, Jean, 155
Lear, Jonathan, 19, 132, 145, 177, 195
Löwy, Michael, 40n.15
Lohmann, Georg, 33n.2
Lukács, Georg, 23-4, 26-55, 57, 61, 68, 70, 75, 77, 80-1, 83-6, 88, 92-3, 97, 99-100, 103, 110, 112, 115-20, 122-3, 125, 129, 133-5, 137-8, 160, 166, 168-70, 173, 178, 188-9, 191, 195, 197-9, 201, 206-7, 211

M
MacKinnon, Catharine, 124n.8
Margalit, Avishai, 119n.3
Marx, Karl, 24, 31, 33, 118, 167n.3
Matzner, Jutta, 24n.4
McDowell, John, 205n.6
Mead, George H., 62-3, 65
Meillassoux, Claude, 198n.1
Mercier, Pascal, 105n.12
Merleau-Ponty, Maurice, 199-200

N
Neuhouser, Fred, 40n.15
Nietzsche, Friedrich, 105, 167, 185
Nussbaum, Martha, 27, 37, 116

P
Piaget, Jean, 62
Platão, 163-4, 189

Reificação

R

Röggla, Kathrin, 112n.20

S

Sartre, Jean-Paul, 72-4, 124n.8, 175, 199, 200n.2
Scheuermann, Silke, 25-6n.5
Schiller, Friedrich, 167-8
Schmitz, Hermann, 107n.14
Searle, John R., 103, 204n.5
Seel, Martin, 86n.8, 94n.9
Simmel, Georg, 24, 117
Sparti, Davide, 44n.2
Stern, Daniel, 151

T

Taylor, Charles, 29n.12
Tomasello, Michael, 63-7, 91, 150n.2, 157, 159
Tugendhat, Ernst, 57n.17, 109n.18

V

Voswinkel, Stephan, 127n.9

W

Weber, Max, 24, 34, 83
Winnicott, Donald W., 100, 113, 147, 154, 180-1
Wittgenstein, Ludwig, 21, 72-3, 192

SOBRE O LIVRO

Formato: 14 x 21 cm
Mancha: 23 x 44 paicas
Tipologia: Venetian 301 12,5/16
Papel: Off-white 80 g/m² (miolo)
Cartão Supremo 250 g/m² (capa)
1ª edição Editora Unesp: 2018

EQUIPE DE REALIZAÇÃO

Capa
Marcelo Girard

Edição de texto
Tulio Kawata (Copidesque)
Fábio Fujita (Revisão)

Editoração eletrônica
Eduardo Seiji Seki (Diagramação)

Assistência editorial
Alberto Bononi